04

까만나라 노란추장 한상기의 신앙체험기

나는 나이고 싶다

I Wish I Could Be I

한상기 Sang Ki Hahn

학자원

Daily Times

THE INDEPENDENT NEWSPAPER

20,516 Monday, January 21, 1974 4k

WORLD FACES RISK OF FAMINE

THE entire world population faces a grave risk of famine unless food production improves this year.

Giving this warning in Lagos on Saturday night, the Danish Director-General of the United Nations Food and Agricultural Organisation (FAO), Dr. Addeke Boerma, pointed out that there had already been a shortage of food since 1971 when agricultural yield began to drop.

Speaking to reporters at Ikeja Airport on arrival to begin a five-day official visit to the country, Dr. Boerma, 62, specifically warned that although drought was a major factor in the current food shortage in Africa, there was still an urgent need to devise ways and means of raising food production in Africa in particular and the developing countries generally.

The United Nations expert in horticulture and agricultural economics noted that the population in developing countries was growing at a rate which outstripped food production.

Dr Boerma also called on industrialised nations to aid developing countries by offering better terms and an open market for their commodities.

Dr Boerma, who is currently on a four-week tour of 11 African countries noted that the mechanisation of agriculture had the potentials of raising food production as well as reducing unemployment and underdevelopment in Africa.

He warned however that in the interest of the people there was the need to ensure that mechanisation was not overdone or done in the wrong way.

THE Federal Commissioner for Agriculture, Dr J. O. J. Okezie (centre) introduces Dr Boerma to his Lagos State counterpart, Dr Johnson Agiri.

Racists attacked

RHODESIA'S six Roman Catholic Bishops yesterday attacked the government for its "racist policies."

They said these must be radically changed if there was to be any hope of permanent peace in the country.

The criticism came in a pastoral message entitled "reconciliation in Rhodesia" which was read out or distributed at Catholic churches throughout the country at the week-end.

The bishops have become increasingly critical of the government during the past few years. But this was one of their most outspoken challenges.

Cassava plants dying out

ABOUT 80 per cent of cassava ... has been adversely hit by a new cassava disease in many parts of the East-Central State.

...

As a result, 75 per cent reduction in the yield of cassava tubers is expected ... on the part of the farmers.

...

나이지리아 국영신문 Daily Times 정면에 실린 기사(1974년).
'세계가 식량난에 직면하고 있다.'
나이지리아의 주식작물인 카사바에 바이라스병과 박테리아병이 창궐하여
식량난이 심각하게 되었다.

Daily Times

THE INDEPENDENT NEWSPAPER

21,384 Monday, November 1, 1976 10k

Institute of Agriculture makes a major landmark

MORE GARI FOR YOU

EXPERT SAYS—

New species of cassava to be introduced

From FEMI ONAYEMI

YOUR favourite staple food — GARI — may soon flood the market. It may, consequently, be cheaper.

Thanks to the outcome of a research by the International Institute of Tropical Agriculture in Ibadan, Oyo State.

The Institute is introducing two new species of cassava into the country.

They are known as "TIUS 36211" and "TIUS 30395"

The new varieties, an expert says, grow faster, have strong resistance to diseases and are capable of better yields.

This major breakthrough in the production of cassava was announced by an agricultural expert at the institute, Dr S. K. Hahn.

He was exchanging views with the Ogun State Governor, Lt-Col. Ayodele Balogun, who visited the institute at the week-end.

Dr Hahn explained that the dwindling cassava output in the country had been caused by "mosaic and bacterial diseases."

"But the new species are capable of resisting such diseases."

He said that cassava production had undergone a lot of improvement in terms of quality and quantity as a result of research work.

Similarly, the institute was placing a high premium on the improvement of yam through experimental planting.

Earlier, while welcoming Lt-Col. Balogun, the director-general, Dr. William K. Gambe, said the institute was conducting researches on all phases of tropical food production.

At the end of the visit Lt-Col. Balogun said he hoped that all peasant farmers in the country would benefit from the institute's research work.

LT-COL BALOGUN

'THEY GROW FASTER'

'They have very strong resistance to diseases'

'THEY HAVE BETTER YIELDS..'

A LOOK AT NUCLEAR

SOUTH AFRICA

나이지리아 국영신문 Daily Times 정면에 실린 기사(1976년).
'더 많은 가리(카사바 가공식품)가 나온다.'
국제열대농학연구소(IITA)의 한상기 박사가 개량한 내병다수성 카사바로

한상기 박사가 개량한 내병다수성 카사바를 얻으려 달려드는 나이지리아 여인들(카사바는 여자 작물이다)

나이지리아 정부가 발행한 우표. 식용바나나, 카사바, 얌에 대한 우표.
모두 국제열대농학연구소에서 한상기 박사가 이끈 프로그램이 연구 개량한 작물.
벨지움 보두윈왕 상 수상하였다.

머리말

나는 1933년 칠갑산 자락 한촌에서, 어머님께서 3일간 진통을 겪으신 다음 양의의 도움을 받고, 기적적으로 나를 출산하셨다. 아버님은 정산 향교 전교를 지내신 유학자셨고, 어머님은 매년 70리 길을 걸어서 계룡산 신원사에 불공을 다니셨다.

식물유전 육종학자가 되고자 서울대 농대에 입학하여 2학년 때, 수덕사에 가서 한겨울을 지내면서, 김일엽 스님을 뵙고 좋은 말씀을 들었다.

오래도록 잊히지 않는다. 대학원시절 배문한 동문의 꾀임으로, 1959년 수원 북수동 성당에서 영세하였다. 배문한 동문은 후에 신부가 되시어 동해안에서 세 여인이 바닷물에 빠져 사경에 있었을 때, 바다에 뛰어들어 그 세 여인을 구해 살리시고, 본인은 기진하여 병원에 이송되시다 선종하시어, 살신성인殺身成仁하신 신부님이시다.

서울대 농대 교수가 되어 있었을 때, 나에게 두 갈래 길이 주어졌다.

하나는 영국 캠브리지에서 초청받아 식물유전 육종학을 연구하는 것이었고, 다른 하나는 가난과 굶주림에 허덕이는 아프리카 가난한 사람들의 식량안전을 위하여 나이지리아 이바단에 창설된 국제열대농학연구소에 가는 것이었다.

1970년(혹심한 내란이 끝난 해) 나이지리아 라고스 경유 영국 런던에 가는 비행기표를 사가지고 우선 나이지리아 이바단시에 있는 국제열대농학연구소에 가서 인터뷰한 다음, 여기에 갈까 저기에 갈까 망설이다가, 캠브리지에 가는 것을 포기하고 아프리카에 가서, 가난하고 굶주리는 아프리카 사람들의 주식작물개량을 위한 연구의 길을 택해, 1971년 아이들 셋만 데리고 큰 아이는 한국에 떨어뜨리고 갔다.

1994년까지 일왕불퇴一往不退의 각오로, 23년간 하루도 결근 않고 일하면서 공무 차 여러 아프리카 나라와 아시아, 남미 여러 나라를 다녀야 했다.

무려 73개국에 다녔다. 내병다수성 카사바를 만들어 농민들에게 대대적으로 보급하여, 기아 해소시켜 나이지리아 이키레읍 추장이 되기도 하여, 한국에서는 1980년대 초등학교 생활의 길잡이 책(3학년 2학기)에 그리고 최근에는 초등학교 6학년 1학기 국어읽기에도 소개 되었으며, 이에 대하여 웅진출판사가 펴낸 '까만나라 노란추장'이라는 책이 무려 47쇄나 나왔다.

우리 내외는 삼수갑산 나이지리아 이바단 연구소 사택에서 살면서 둘이서만 얼굴 맞대고 외롭고 쓸쓸하고 어렵게 살아야 했다. 일종의 수도생활과 같았다.

1994년에 은퇴하여 집사람이 세 아이들 가까이 가서 살자 하여, 춥고 눈 많이 오는 미국 클리블랜드에 가서 21년간 살았다. 거기에서는 오히려 더 외로웠다.

외로움을 달래기 위하여 베네딕토 수도원 수사 신부님들이 운영하는 인근 미국 성당의 새벽미사에 내외가 10여 년간 함께 나가면서 미사 참례 가기 전 나는 집에서 기도하다 무아경에 들었을 때 떠오른 것을 적었다. 그리고 아프리카에서 나를 위하여 무진 고생한 집사람이 2010년대 치매가 일어 보살펴줘야 해서 새벽 미사에 참례 못하고 5년간 집사람 거들어 주며 집에서 새벽 2시에서 5시 사이에 일어나 무릎 꿇고 합장하고 50개 성경구절을 암송하고 기도하다가 무아경에 들었을 때, 떠오른 것을 적어, 공책 170권에 적었다. 이것은 아프리카에서 23년간 그리고 미국에서 21년간 도합 44년간, 이렇게 외로운 환경에서 기도생활을 하면서 적은 것이다. 그리고 꿈도 기록하여 두었다.

치매 걸려 근 10년간 허덕이는 집사람 데리고 한국에 묻히려고 반세기만에 2015년에 귀국하여 수원에서 살고 있다.

새벽에 일어나 기도하다가 무아경無我境 중에, 떠오른 것을 적은 것이 천여 개 된다. 그 중 골라서 5권의 시리즈 책에 수록한다. 무아경 중에 떠오른 것이 다양한데도 기이하게 중복되는 것이 거의 없고, 단속적으로 기록한 것인데, 문맥이 정연히 연결되어 있다. 이것을 수정치 않고 (철자만 고치고) 그대로 여기에 실었다. 난해한 것이 많다. 나는 어휘가 부족한 사람이다.

그런데 어찌된 것인지 써보지도 않은 단어가 튀어나와 적기도 하였다. 이것은 나에게서 나온 것이 아니라 위에서 내린 것이라고 여긴다. 나의 명상시집 '아프리카 광야에서'에 대하여 저명한 문학 평론가 정과리 선생이 이렇게 평하여 주셨다. '시편들을 읽어보면 그 각오는 신앙과 깊이 관련되어 있는 것으로 보인다. 수직의 높이에서 진리의 이름으로 그에게 내려 온 말씀이 있었을 것이다.'

나는 오랫동안 외국 생활을 하여야 했고, 농학을 한 사람이라서 여러 책을 탐독할 수 없었다. 그러나 짧은 지식으로 무아경에 대하여 알아보려고 시도했다. 최근에 심리학 해설(칼 융 지음, 성영환 옮김)에서 내가 기도 중에 체험한 것과 매우 가까운 것을 발견하였다. 그 안에 있는 꿈, 무의식 그리고 상징을 적용하여 무아경에 대하여 이렇게 외람되이 정리하여 본다.

> 무아경을 통하여 외부로부터 차단된 상태가 됨으로써 위선적이고 인습적인 아집의 사고에서 탈피하여 새로 나게 된다. 그래가지고 이성과 본능을 일치하게 하고, 원형과 의식 그리고 무의식의 통합을 이루어, 태초에 지니고 나온 본능에 이르게 한다. 그리고 저 심연에 깊숙이 잠겨 있는 심리의 집단적이고 구조적인 요소와 같은 원초적 심상과 접하게 함으로써, 자발적이고 창조적인 인간이 된다. 그렇게 되어 꾸미지 않고 자연스런 지혜가 풍부한 무의식의 저장고에서 충만한 기운을 끌어내고, 명확하고 신선한 메시지가 나타나게 한다. 그렇게 됨으로써 자아 실현되어 영광스럽고, 보람 있고, 보다 순수한 삶을 영위할 수 있게 된다. 종국적으로 하느님 보시기에 좋은 모습으로 하느님께 나아가, 하느님 사랑 받고, 하느님과 함께 할 수 있게 된다.

무아경은 정신 건강뿐만 아니라 신체건강에도 매우 좋다.

논쟁 대상이 될 글들이 많으리라 본다. 이점 너그러우신 아량으로 읽어주시면 감사하겠다.

이 책에 실은 글들은 주로 클리블랜드 아삼숀 성당(베네딕토 수도원 수사 신부 운영)에 나가면서 기도 중 무아경에 들었을 때 떠오른 나의 신앙체험의 기록인데, 대화 형식으로 적었다. 하느님과 예수 그리스도 그리고 성령 또 성모님과 대화한 것이라 여기고, 첫 번째 난에는 나의 말을, 두 번째 난에는 성령·성모님의 말과 예수 그리스도와 하느님의 말씀을 기록하였다. 성령·성모님의 말씀과 하느님의 말씀은 글자 모양을 다르게 하여 구분하였다.

- 성령·성모님의 말씀: 존재의 존재 가운데 / 제일 가까운 존재가
- 하느님의 말씀: 항상 있으니까 / 어디에나 있으니까!

집사람이 치매로 어려움을 겪어갈 때 기도하면서 무아경 중 떠오른 것이 보다 간절했고 좋았다.

나에게 십자가는 십자가이기에 충분한 십자가인가?
정녕 나는 하느님 보시기에 좋은 나인가?
나는 그런 나이고 싶다.

아프리카에서 23년간 희생하면서 나의 뒷바라지 하여 준 나의 충실한 아내 김정자 필로메나에게 감사한다. 원고를 읽어 주시고, 좋은 조언과 간곡한 격려말씀을 하여주신 정양모 신부님, 곽현석 스님, 김상오 목사님, Yung Bok Johnson 목사님, 차영규 교수님, 배일동 명창님, 김지원 시인 여행가, 박찬현 시인 영성가, 김연수 국장님에게 감사한다.

표지 제목은 한국서예협회 용인 지부 지부장이시고 한국서예협회 심사위원이신 담산 이순금 선생이 친절히 써 주신 것이고, 표지 그림은 15권의 책 저자이시며 특히 산문과 그림으로 엮은 '황혼은 어디서 그렇게 아름다운 상처를 얻어 오는가'의 저자인 배문고등학교 국어교사 김보일 선생님의 드로잉이다. 저자초상과 본문 제목 옆에 있는 '길' 그림은 파리에서 활동하는 세계적인 화가 정택영 화백의 작품이다. 이순금 선생님, 김보일 선생님, 정택영 화백, 학자원 김병환 대표에게도 감사의 마음을 전한다.

한상기 씀

내가 이 사람들 안에 있고
아버지께서 내 안에 계신 것은
이 사람들을 완전히 하나가 되게 하려는 것입니다.
이것은 세상으로 하여금
아버지께서 나를 보내셨다는 것을
알게 하려는 것이며
또 아버지께서 나를 사랑하신 것처럼
이 사람들도 사랑하셨다는 것을
알게 하려는 것입니다.
(요한17,23)

자연 속에 가득히 들어앉은 하느님의 섭리와 하느님의 뜻

꽃 한 송이를 봐도 알 수 있는 하느님의 뜻은 자연에서 먼저 찾을 수 있다. 차가운 계절 겨울을 지나서 메마른 가지에 수액이 올라 조그마한 싹이 움돋으며 꽃망울을 틔운다. 상서롭기 그지없는 생명은 한줌 햇살을 받고서 어느 생명보다 아름다운 꽃송이를 피운다. 그 꽃송이는 열매를 맺기 위해 달콤한 향기로 벌과 나비를 불러들여 화분을 옮겨 놓는 수고로움을 나누고서, 그리 길지 않은 시간에 열매의 성장을 위해 꽃잎은 시든 채 뚝뚝 떨어져 나간다.

고통스럽다거나 슬프다는 외침도 없이 꽃이 해야 할 임무를 마치고 그렇게 스러져간다. 때로는 비바람이 몰아쳐 꽃잎이 우수수 떨어져 나가도 아무 말(뜻)이 없다. 처지대로 생명의 마감을 하는 순명의 따름인 것이다.

이렇듯 꽃 한 송이에서 보듯이 그들은 자신의 입지를 표명하지 않는다.

그들은 곧 하느님의 뜻대로 피었다가 지는 것뿐이다.

자연 곳곳에 하느님의 소명과 의지가 가득하다.

창세기를 보면, 하느님께서는 마지막 날 우리 인간을 흙으로 만드시면서 흙으로 돌아가는 법을 주셨는데, 그 법 안에는 인간에게 자율의지를 심어 주셨다.

흙으로 만드신 하느님의 뜻대로 살다가 삶을 마감하면, 육신은 흙으로 돌아가고 영혼은 영원한 생명을 누리는 세계를 선물로 주셨다.

그러나 하느님 뜻대로 살지 않은 인간은 흙으로 돌아가되 영원한 생명을 보장받지 못한다는 것이다.

우리가 그 영원한 생명을 얻기 위해서는 어찌 살아야 할 것인가.

이론은 이렇다. 서두에 쓴 자연의 꽃 한 송이.

그 꽃과 곤충과 식물들은 자신의 생각과 의지(뜻)가 개입되지 않았음이다.

처음부터 하느님의 뜻으로 순수한 결정체가 되어 피고 졌을 뿐이다.

그 자연 속 인간의 영역에 하느님 뜻은 무엇일까, 인간도 자신의 의지(뜻)를 개입시키지 않고 오로지 하느님의 뜻에 맡김으로써 온전한 하느님의 소유가 되고 하느님의 뜻이 이 땅위에서 자신 안에 사시는 것이다.(주님의 기도)

인간의 자율의지에는 숱한 자신의 감정이 존립하는데 그것들은 거의 이기적이거나 자신의 영광, 자신의 안위, 자신의 기쁨을 위해 뜻이 존재하는 것이다.

자신의 뜻을 없이하는 일은 사실 고통 속에 살다간 성인들처럼 살아야 자기 뜻이 없어지고 하느님의 뜻이 존재하는 것이다.

『나는 나이고 싶다』 3·4·5권을 읽으면서 깨달은 것은, 저자께서 하느님의 뜻을 모시고 살아가시듯, 우리 각자 역시 인간의 독립적 자아를 아무것도 아닌 가벼운 무게로 여기며 살아야만, 하느님은 인간 안에서 분명히 자유롭게 사시면서 제3의 영역인 시공간을 넘나들 것이다.

자신의 뜻을 없애고 하느님의 뜻이 사는 일은, 하느님께서 사람의 뜻을 사랑하고 사람도 하느님을 진실하게 사랑하는 것이다.

또, 자신보다 못한 이와 타인에게 자신을 낮춤으로써, 하느님의 피조물들인 '남을 나보다 낫게 여기거나 높이 보는' 시각이야말로 참된 겸손인 것이다.

이 세상을 살아가는 사람들 가운데 어느 누가 자신이 남보다 못하게 여겨진다면 좋은 감정을 가지고 참을 수가 있겠는가.

보편적으로 많은 사람들이 자신의 자존을 굽히지 않고 절대 낮추려 들지 않을 것이며, 남보다 자신이 우월하다고 여기는 삶의 사회이다.

단지, 이 세상을 창조하신 유일한 신이신 하느님을 알게 되어, 그분을 따르기 위해서 말씀대로 이루어져 빛으로 살아가고 있기에, 하느님께서 가르치시는 대로 살고자 하는 순수한 인내력의 소유자들은, 항상 두려운 마음과 공경하는 마음으로 자신의 주장과 이기적인 불필요한 마음들을 감사하는 마음으로 내려놓는 것이다.

우주를 지으시고 억조창생부터 지금까지 유일하게 살아 현존하시는 하느님이시고 전능하신 분이시기에 우리를 지으신 뜻대로 우리는 그렇게 사는 것이다.

『나는 나이고 싶다』는 자신의 뜻을 손쉽게 내려놓을 수 있는 묵상 길잡이가 될 것이다.

누구나 같은 마음이겠지만, 아직 살아 있는 육신으로 거룩하신 하느님의 외아들이신 그리스도와 성인 성녀들의 사랑을 받으며 묵상 가운데 통교하고 싶지 않겠는가.

그분들은 자연 속에 계시며 한 줄기 바람으로 밝은 햇살로, 항시 우리들 곁에 머무시는 것이니, 늘 즐겁고 기꺼운 마음으로 신앙의 길을 갈고 닦노라면 반드시 그분들을 흡족한 마음으로 만날 것이다.

아니 어쩌면 만나고 있을 수도 있다.

저자이신 '한상기' 박사님은 묵상의 문을 열고 신비의 교감을 하고 계시기도 하다.

오랜 시간 동안 성서 구절을 암송하시면서 하느님 앞에서 자신을 낮추시고 말씀의 핵심 속으로 들어가 낮은 수평을 이루었기에 일상의 기도와 생활이 하느님 뜻을 모시는 데 큰 수행의 열쇠였다고 생각해 본다.

수행을 하는 수도자들과 사막의 성인들의 일련의 삶이 모두 대동소이하다.

매일 모시는 성체 안에 당신의 형상을 감추시고, 매일 기적을 만드시며 우리 생활 영역 안에 계시는 하느님이시다.

어제의 자신은 이미 죽고, 오늘의 자신에게 감사하며 내일은 그분 안에서 살아갈 수 있기를 염원하며, 매일 그분의 현존을 성서 안에서, 성체 안에서, 기도 안에서 기쁘게 만나시길 진심으로 기원합니다.

박 찬 현 바울라

서울제일교회 김상오 목사님 서평

존경하고 사랑하는 한상기 박사님의 '나는 나이고 싶다(I Wish I Could Be I)' 책을 받아서 만나보고, 박사님께서 걸이오신 신앙과 생애의 발자취를 회상해 보며, 그 동안 함께하신 하나님의 은혜에 감사를 드리며, 존경하는 마음을 한상기 박사님께 담아 드립니다.

사도바울은 사명을 위하여 자기의 생명을 대가로 지불하며, 나의 나 된 것은, 오직 하나님의 은혜라고 고백하며 사명을 다 했는데, 한상기 박사님의 글들마다 이러한 면면을 만나게 됩니다.

모세는 아무것도 아닌 자라 할지라도, 전능하신 하나님이 들어서시면 권능자가 될 수 있다는 것을 깨달았습니다. 한상기 박사님의 생애가 마치 모세와 같은 생애이신 것만 같습니다. 신앙과 삶의 자취가 녹아, 살아 노래하며 숨쉬는 "나는 나이고 싶다" 기도의 글을 사랑합니다.

행복은 우리 모두의 이상이요, 꿈이라 할 수 있습니다. 행복론의 저자 힐티는 말하기를 "모든 참다운 행복은 우리의 힘 닿는 곳에 있다는 것을 기억하라. 힘이 미치지 않은 먼 곳에 있다고 생각지 마라"고 했습니다. 그러면서 그는 참된 행복은 그리스도 안에 있을 때만이 가질 수 있는 것이라고 했습니다. 사랑하고 존경하는 한상기 박사님 사랑하는 사모님의 건강회복을 위해 기도 드립니다. 믿음으로 승리의 생을 살아오시며, 행복자의 생애를 살아오신 박사님 사랑합니다.

곽현석 스님의 추천사

예술과 문학은 그리고 나라는 존재를 통해 피어나는 세계의 꽃이라 생각합니다. 세계는 이 꽃이 피어남으로써 비로소 의미를 갖게 됩니다. 그중에서도 시인은 마음이라는 대양에서 미지의 생물을 건져 올리는 어부와도 같다고 생각합니다.

한상기 박사님은 아프리카에서의 실천과 봉사로써 이미 자신의 깨달음을 보이셨지만 그 힘의 원천이 더 깊은 영혼의 뿌리에 닿아있음을 글을 받아 읽고 나서야 알 수 있었습니다.

하나님과의 합일을 소망하시는 한 박사님이 나 같은 승려에게 추천사를 왜 부탁하셨을까? 어떻게 써야 할까? 고민도 되었지만, 하나님을 깨닫고 하나님을 통한 삶을 깨닫는 일이 불법佛法을 깨닫고자 하는 우리와 조금도 다르지 않다고 생각이 들었습니다.

이미 한 박사님은 믿음의 성도인 신앙인이자 진리를 탁마하는 구도자이기도 하기 때문입니다. 구도의 여정이나, 하나님과의 합일이나 진정한 자신의 깨어짐과 본래에 대한 깨달음이 없이는 처음과는 다른 그 무엇이 되기 십상입니다.

요즘같이 더 복잡해지고 가까워진 현대에서는 더욱 길을 잃기 쉽습니다. 합의된 조화나, 평화 속에서 바닥없는 진정한 자신의 깨어짐은 일어나지 않습니다. 바닥을 뚫고 솟아나는 "참"도 샘솟지 않습니다.

해와 달이 함께 어우러지고
불과 물이 공존할 수 있는가
해가 뜨면 달이지고
물이 솟는 곳에 불이 꺼지네.
삶이 있으면 죽음이 멀고
죽음이 있는 곳, 삶이 그치는 곳이네.
극단은 항상 서로 시비하며 마찰하며 살아가네.
너와 나도 그러하고
나와 주님도 그러하네
해와 달이 처음부터 함께 있고
용과 호랑이가 함께 노니는 세계가 있다면
나와 주님도 그러할 것이네.
그것을 둘로 쪼개보는 것은 변덕스런 우리마음 아니던가.

한 박사님의 시를 통해 많은 분들이 온전히 자신이 깨어지고 하나님과 하나됨을 명상하고 깨달아가는 기쁨이 충만하기를 기대하고 확신합니다.

무엇을 걱정하십니까. 기도할 수 있는데,

김인자(시인, 여행가)

어떤 끌림이 있었을까. 아니면 누가 그 먼 곳으로 이분을 부르셨을까. 이 책의 저자 한상기 박사님은, 나이지리아 이바단의 국제열대농학연구소에서 23년간 연구를 거듭하는 동안, 내병다수성 카사바 개량종을 만들어 아프리카 가난에 기여한 공으로 이키레읍 추장으로 추대된 바 있다. 자신이 머문 자리에서 묵묵히 혁명을 일으킨 희생과 공적을 범부인 나로서는 일일이 열거할 수 없지만, 그 대표적 예로 지금껏 많은 아이들에게 읽히고 있는 『까만 나라 노란 추장』(웅진출판사) 대한민국 초등학교 6학년 1학기 국어읽기 교과서다.

박사님은 생의 반 이상을 타관에서 보냈고, 그 반을 아프리카 농학연구에 바친 시간은 절대 외로움과 싸워야 했던 수도생활과 다를 바 없었다고 술회하였는데 그만큼 신앙에 몰입할 수밖에 없는 고독한 삶이었음을 반증하는 것이리라.

이 책은 약 44년간 기도의 응답을 적은 170권의 노트를 축약했으며, 박사님의 글을 읽는 동안 내가 맞닥뜨린 감정은 아이처럼 참으로 순수한 성정性情을 가졌다는 것이다. 문체에 화려한 수식어나 미사여구가 없는데 감동을 주는 이유도 그 순수한 성정과 무관하지는 않을 것이다.

책 머리말에도 '이것은 나에게서 나온 것이 아니라 위에서 내린 것'이라 했듯, 문장을 억지로 짜서 엮은 것이 아니라 새벽기도 중 무아경 상태에서 그분이 주신 말씀을 받아 적었다는 것에 의심의 여지가 없다.

무아경無我境의 사전적 의미는 '정신이 한곳에 쏠려 자신을 잊는 경지'라 정의하고 있지만, 크게 보면 영혼의 씨앗이 발아한 태초의 자리로 돌아가는 것, 타의에 휘둘리지 않고 자의적 간구로 이루어지며 신과 일대 일의 관계에서 천착은 물론 집중적이고 지속적인 몰입이 요구된다. 어쩌면 신앙심에서의 무아경이란, '오직 당신의 뜻대로' 라는 명제 앞에 몸을 낮추고 엎드리는 일이며 의심을 가지되 의심을 버리고 믿고 맡기는 것일 터다.

사람으로 세상에 와서 한 점 부끄럼 없는 삶을 살다 갈 수 있을까. 본인의 의지와 상관없이 벼랑 위를 홀로 걸을 때 우리는 무의식중에 손을 잡아 줄 그분(神)을 찾는다. 그리고 실낱같은 기도를 통해서 마음의 키가 자라는 걸 경험한다.

나는 '한 가지를 오래 생각하는 것이 기도'라는 나름의 정의를 갖고 있다. 그러므로 기도란, 나 개인의 유익만을 위해서가 아니라 타인을 위해 함께 걸어주는 것, 보상 없이 상대를 기쁘게 하는 것, 낮은 곳에 숨어 선행을 이루는 것, 두 팔로 가난한 이웃을 안아주는 것, 밥을 나누고 사랑을 나누는 것, 용서를 구하여 끝내는 그분을 기쁘게는 하는 일이 아닐까 싶다.

이 책 본문 '약유어천주'의 한 대목 속에는 박사님이 전하고자 하는 모든 것이 함축되어있다. 이 메시지는 쉽고 간결하지만 울림이 크다.

간다고 하는 것은
가는 것이 아니다!
온다고 하는 것은
오는 것이 아니다!

내 안에
머물면
가고 오는 것이
없다!

내가 자주 오가는 골목 끝에는 유독 작은 십자가 하나가 눈에 들어온다. 보다 구체적으로 말하자면 십자가보다는 낡은 천막교회입구에 걸려있는 현수막의 글귀다. "무엇을 걱정하십니까. 기도할 수 있는데," 실행하지 않는 기도가 무슨 의미가 있을까만, 종교를 갖지 않는 사람일지라도 살면서 크고 작은 시련이 닥칠 때 이 말씀과 마주하면 위안을 받을 듯싶다. 아니 어쩌면 내 자신이 기도가 필요한 때가 되어서야 그 글귀가 눈에 들어온 것인지 모르지만, 곱씹을수록 위안이 되는 전언이다.

물아일체物我一體, 타인은 속일 수 있어도 자신을 속일 수 없듯, 자신은 속일 수 있을지 몰라도 내 안의 신은 속일 수 없다. 조용히 무릎을 꿇어 기도하다 보면 누구라도 영혼의 피안을 만나게 될 것이다.

박사님께서 이 책을 세상에 선보이는 이유 또한 '밤마다 초에 불을 붙이고 그 초를 다른 초에 옮기는 마음'과 같지 않을까 싶다. 절실한 간구도 필요하겠으나 진실한 간구가 아니면 응답하지 않는다는 것, 박사님의 신앙 간증집(고백록)을 읽으며 든 생각이다.

가나 아칸 족 격언에 "한 그루의 나무로는 숲을 이룰 수 없다."고 했다. 『나는 나이고 싶다』 이 책이 세상에 나오는 순간, 보다 많은 독자들을 만나 그분의 말씀과 기도가 한 그루 나무에 그치지 않고 무성한 숲이 되는 놀라운 축복을 기대해 본다.

무술년 새해 대관령 산방에서 쓰다.

미국 미네소타에서 사시는 Yung Bok Johnson 목사님의 서평

Rev. Yung Bok Johnson's Comments

Pardon me, please, the finger is getting stiffer by now. Life's lesson/Way From 'I Wish I Could Be I' By Dr. Sang Ki Hahn. Your Being, breathing, conversation/meditation with Heavenly Father, acting with absolute ADORATION, trust, submission to our FATHER without any reservations, "WALK WITH FAITH NOT BY SIGHT" Scattering SEEDS OF LOVE(GOD IS LOVE), shed HIS LIGHT on your path, wherever your journey led, it defines what Life-living should be like while our spirit is in our physical body, glorify during we are on this beautiful planet.

I AM IN DIVINE,
DIVINE IS IN ME,
I AM DIVINE.

죄송합니다. 현재 나의 손가락이 굳어가네요.(목사님께서 건강상태가 매우 좋지 않아)

박사님의 '나는 나이고 싶다'는 삶에 대한 교훈입니다.

박사님께서 아무 조건 없이 주님을 믿으시며, 주님께 자신을 완전히 내 맡기시고, 찬양하시면서 숨 쉬며 대화하시고, 명상하시어 눈으로가 아니라 믿음으로 걸어가시게 되셨으니 그에 대하여 전적으로 칭송합니다.

박사님께서 걸어오신 길에, 주님 사랑의 씨앗을 뿌리시고 빛을 밝히셔서, 어디를 가시나 생명과 삶에 불을 밝히시고, 우리의 영이 우리의 육체에 머무는 동안 우리가 어찌 살아가야 하는지를 잘 알리십니다. 그리고 우리가 이 아름다운 우주에 머무는 동안 주님께 영광 드리게 하십니다.

'나는 주님 안에 있고
주님께서 내 안에 계시니
나는 성스럽다'
고 멋지게 읊으셨네요.

차례

하느님과 말씀 나눔, 따름

하느님 뵈옴

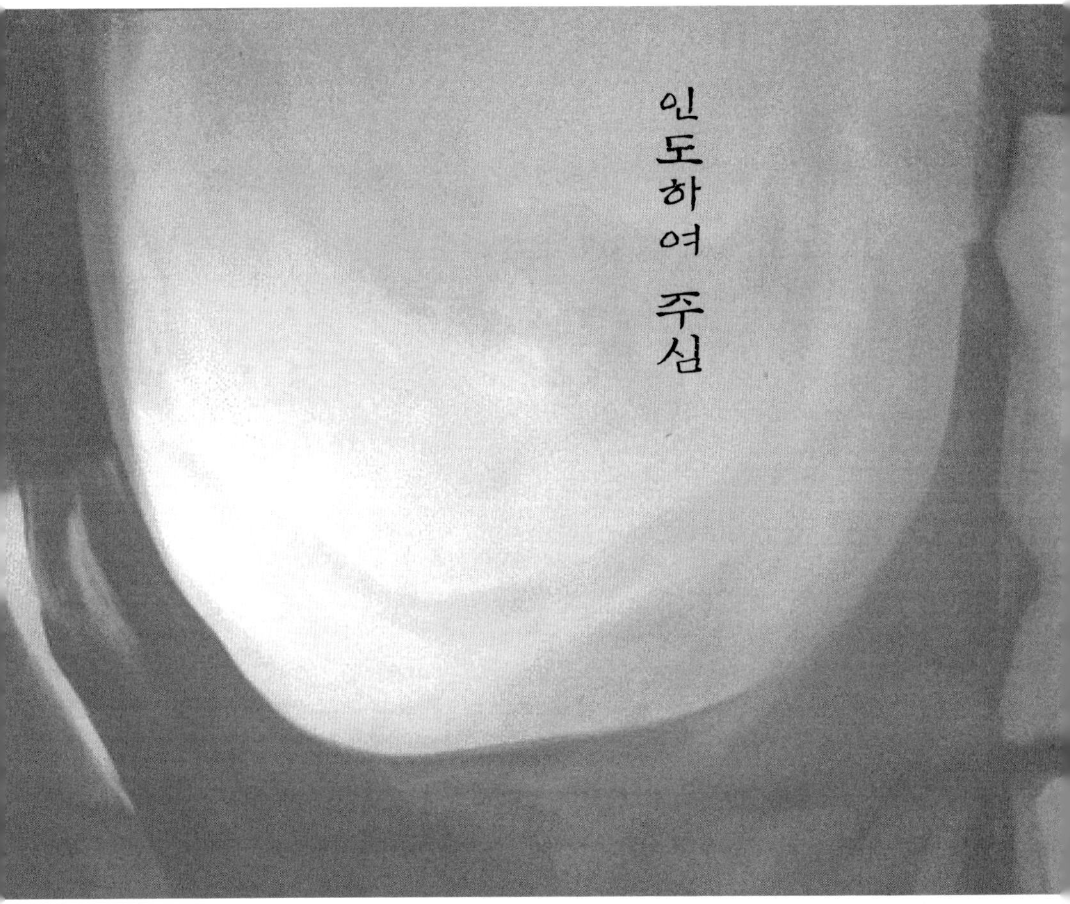
인도하여 주심

나에게 맡겨야 합니다 길

이게
지가 이제까지
살아 온 길입니다!

잘못의 길입니다!
죄악의 길입니다!

살다 보니
그런 길을
가야 했습니다!

그런데
이제는
그게 아니거든요!

내가
세상을
바꿔 놓지는 못하지만
내 자신만은
내가 책임지고

바꿔 놓아야 하겠습니다!

이제라도
늦지 않습니다!

그런 길 청산하고
새 길 걸어 가야 합니다!

그것만은
하여야 합니다!
할 수 있습니다!

먹는 법부터 바꿔야 하고
사는 법부터 바꿔야 합니다!
그리고 생각하는 법도 바꿔야 하고
행동하는 법도 바꿔야 합니다!

이게 바로
새 길로 들어스는 것입니다!

그러면
이것에 맞추어
진행하겠습니다!

여기서부터는
자신에게 맡기지 말고
나에게 맡겨야 합니다!

그래야 됩니다!
그러지 못하면
다 허삽니다!
작심한 것이
다 깨지는 것입니다!

그러니
제백사하고
내 말을 따르는 것입니다!

우선
숨 쉬는 것부터
바꾸세요!

더 깊게
들여 마셔요!

그렇게 숨 쉴 때마다
감사하며 하세요!

생명 주심에
감사하고요!

이것이
첫 번째 일이고
마지막 일이요!

이보다 더 큰 일은

없어요!

이것만
철저히 하세요!

알겠습니다!

네!
잘 알겠습니다!

실천하겠어요?

네!
그러겠습니다!

감사합니다!

치매인 집사람을 한술 두술 떠서 밥 먹여 주면서
이렇게 하여 집사람을 살게 할 수 있다고 생각하니 참으로 눈물겨웠다.

하느님의 이끄심 없이는 길

그게
쉬운 것 아니어요!

쉬운 게
아니라구요!

무한한 고통이
따라야 하고
노력이
따라야 하고
그러는 것 아니요?

그렇고 말고요!

본인의
고통과 노력만도
아니거든요!

여러 사람들의
고통과 노력이
있어야 되는 거 아닙니까?

국가를 위하는 일
가정을 위하는 일
자신을 위하는 일
모두 고통과 노력 없이
이루어지는 것 없잖아요?

이것만으로는 안 되요!
하느님의 이끌어 주심 없이는
모든 것이 안 되요!

이것을 알아야 해요!
이것을 모르면
다 허사요!

길을 가도 길이 아니요!
살아가도 삶이 아니요!

너 알아?
너 알겠느냐고?

이리 봐도
저리 봐도
이리 가고
저리 가도
잡히질 않네요!

그럴 테지!

그럴 거야!

자신의 힘으로는
안 돼!

구해야 해!

그러니
구해 봐!
구해 보라구!

알겠습니다!

감사합니다!

하나도 남김없이 보여라

멀리 멀리
손을 펼쳐
벌려라!

가슴에서
가슴으로
가슴이 닿을 때까지!

너의 모든 것을
펼쳐 보여라!
하나도 남김없이
펼쳐 보여라!

하나도
너희 것 아니니
다 보여라!

하느님께서
기쁘시게스리!
다 보여라!

그러면
내가
더 주리라!

저 깊은 데까지
이르게 하여 주리라!

이것이
하느님께서
너에게
바라시는 것이다!

그러니 아무 걱정 말고
그리 하거라!

알겠느냐?
알겠느냐?

네!
주님!
네!
주님!

밥 도道를 잘 지켜라

밥 도를
찾아야 하겠습니다!

밥 도라니요?

밥은
육신의 밥도 있고
영신의 밥도 있습니다!

육신도 중요하고
영신도 중요합니다!

모두 양식으로
존재하지요!
양식이 없으면
있을 수 없습니다!

그러니까
밥 도를 지켜
이 양식을 얻는 것입니다!

밥 도를 지키지 못하면
이 양식을 얻을 수 없습니다!

게을러서
밥 도를 지키지 못하면
다 허사입니다!
다 허사라구요!

그러니
마땅히 밥 도를 잘 지켜서
육신과 영신 모두
건강하게 다스려야 합니다!

이것은
우리가 노력하면
할 수 있는 일입니다!

사람이
오늘만 사는 것
아니잖습니까?
내일도 있고
내년도 있고
또 내세도 이고
그런 것 아닙니까?

그래서
오늘만이 아니라
내일을 위해서

또 내년을 위해서
그리고 내세를 위해서
오늘 충실히
밥 도를 지켜야 합니다!

가야 할 길

아니요!
아직도 멀었습니다!

갈 길이
멀었습니다!

　　하느님께서 주시는
　　그 갈 길이
　　아직도 멀었습니다!

그 길을 가다가
강도 만나고
산도 만나고
들판도 만나고
사막도 만나야 하는
그 길을 가고 있습니다!

아직도
가고 있습니다!

이 길을
인도하여 주심에
감사합니다!

이 험난한 길을
헤쳐나갈 수 있도록
지혜 주심에
감사합니다!

어찌 하겠습니까?

하느님께서
이르시는 그 길을
어찌 하겠습니까?

좋던 나쁘던
어렵던 쉽던
가야 하지 않겠습니까?

그 길을
마다하지 않고
가야 하지 않겠습니까?

　　　옳다!
　　　맞다!

　　　가다가

언젠가는
좋은 일도 있을 거고
슬픈 일도 있을 거고
기쁜 일도 있을 거다!

낙심치 마라!

다
너를 위하여
마련한 것이다!

알겠느냐?

네!
알겠습니다!

감사합니다!

각자 안에 준비된 씨앗

그것
어떻게 하지?

먼저 있었던 것
말이지!

먼저 있었던 것이
좋은 것이면
그냥 내버려두고
나쁜 것이면
갈아야지!

그래야
새로워지니까!

자기 안에
준비된 씨앗을
싹 틔워야 해!

각자 그러 하야 해!

준비된 씨앗
곧 하느님께서
마련하여 주신
그 씨앗 말야!

이 씨앗을
잘 싹 틔워야 해!
그리고 자라게 해야 해!

그래야
꽃 피고 열매 맺는 거야!

이것을
하느님께서
각자로부터
기대하시는 것이야!

이것을
바라시는 거야!

그러니
우리는 하느님께서
이끄시는 대로
따라야 해!

그래야만
축복 받아!

이 길밖에 없어!

알겠는가?

네!
그러겠습니다!

We Will Get There!

Wow!
Dear friend!
You are my friend!

You deserve
To be my friend!

I am very happy
To have you as my friend!

I thank you
For following me!

We will get there!

Peace!
Freedom!
Happiness!

We will definitely
Get there!

No matter whatever the obstacles
Lay across
We will get there!

I will lead you there!

You, follow me!

Hold my hands
When you are about falling down
On the ground!

I will hold your hands
Firmly, firmly!

Don't be afraid!
I am here with you!

이것을 번역하면

거기에 가리다

와!
친애하는 친구
당신은 나의 친구!

당신은
나의 친구 되기
충분하오!

나는 행복하오!
당신이
내 친구 되어!

감사하오!
당신이
날 따라주니!

우리는 갈 거요!
거기 평화에!
자유에!
행복에!

우리는
틀림없이
거기 갈 거요!

여하한 장애물
놓여도 우리는
거기 갈 거요!

내 꼭 당신
거기 가도록
도우리다!

그러니
당신은 날
따라 오시오!

땅 바닥에
넘어 질려 할 때
내 손 잡으시오!

내 당신 손
꼭 꼭
잡아 주리다!

두려워 마시오!
절대 두려워 마시오!
내가 당신과 있으니!

새벽의 날개 붙잡고 동녘에 가도,
바다 끝 서족으로 가서 자리를 잡아 보아도
거기에서도 당신 손은 나를 인도하시고
그 오른 손이 나를 꼭 붙드십니다.
-시편 139,9-10-

아직도
멀어!

그러나
그리 멀지는 않아!

언젠가는
거기에
다다르겠지!

꼭
거기에
다다르게 해 주십시오!

　　　물론이지!
　　　물론이고말고!

　　　너는
　　　그것을 알지?

그것이라니요?
무엇을 말씀하시는 것입니까?

도대체
무엇을 말씀하시는 것입니까?

그것을
입어!

갑옷이야!

전쟁에
나가는 거야!

세상의
불의와 싸우는 거야!

절대
굴해서는 안돼!

꼭
이겨야 해!

걱정 마

너희는
내가 잡아 줄 거니까
걱정 마
걱정 말라고!
알겠어?

야!
니는 무얼 그리 걱정해?
걱정할 것 없어
내가 있잖아!

허지 마!
안되어!
알았어?

걱정하지 말라고요

걱정하지 말라고요!
무엇이 걱정이요?

걱정할 것 없어요.
하느님이 계시지 않아요?
걱정하지 마세요!

쓸데없는 생각 마세요!
얼른 가셔요!
얼른 가셔요!

걱정할 것 없어요!

여러분들!
무엇이 걱정입니까?
걱정할 것 없어요!

다
지켜 주실 것입니다!

아니
하느님과 함께 있는데
무엇이
걱정이란 말이요!
걱정할 것 없어요!

네
걱정할 것
없지요!

건강을 잘 지켜라

Protein이요?

Protein은
안돼요!

Protein은
안 된다니요?

그게
무슨 뜻입니까?

글쎄
나도 모르겠다!

다만
봉재 기간이니
고기를
먹어서는
안 된다는
뜻이기도 하고!

기름진
음식을
먹지 말라는
것 같다!

여기를
보면
풋콩꼬지 요리가
있는데
그것은
괜찮다는 것
같다!

그러니까
Protein을 섭취하려면
육류로가 아니라
식물성인 것에서
섭취하라 하니는 것
같다!

동물성 음식을
피하고
식물성 음식을
더 들어라
하시는 것
같다!

요는

건강을
잘 지켜라
하는 것
같다!

네!
잘 알겠습니다!

그 길을 가는 거야!

너는
알고 있어!

무엇을
말입니까?

그
길을
알고 있다고!

하나님 아버지께로
가는
그 길을
알고 있다고!

다
토해 내서
비워!

그리고
그 길을

가는 거야!

고난의 길
고독의 길을
가는 거야!

하느님께
매달려서
그 길을 가는 거야!

그러다 보면
하느님께서
너를
거기서
맞아 주시지!

이거야!
이 길밖에는
없어!

이끌어 주시는 길 가라!

용기를
내거라!

하느님께서
너와 함께
계신다!

두려울 것
없다!
주저할 것
없다!

모두가
하느님께서
하시는 일이니
힘 내거라!

하느님께서
하시라는 대로만
해!

왜?

두려워?
의심나?

두려울 것
없어!
의심날 것
없어!

하느님만
믿고
따라!

하느님께서
이끌어 주시는
그 길
가는 거야!

야!
힘 내!

주님 어찌 하시려는 것입니까?

주님!
어찌 하시려고
저를
이렇게
당신께로
인도하십니까?
어찌하시려는 것입니까?

보아라!
보아라!
고개를 들어서
나를 보아라!

갈 데까지
가야지!

하느님 뜻
이룰 때까지
가야지!

길 그 이름 데레사요!

딸이
있더라고요!

그의 이름이
데레사요!

하느님을
받드는
데레사요!

데레사는
지켜가며
하느님 찾아
하느님 따라가는 거요!

데레사는
거기 있다!
하느님과 함께
거기 있다!

그것도 모르고

내가
그리 하라고 했지!

그랬어?
안 그랬어?
대답해!
말해봐!
말하라니까?

그것도 모르고
이렇게 살았으니
한심하구만!

그러면
무엇을 위해
사는 거야!

그것이 무엇일까?
'주님 믿어 주님 말씀 잘 받들면
구원 받아 영원한 생명 받는다'는 것 아니겠는가?

나에게 맡겨라

어찌하면
좋겠습니까?

나에게
맡겨라!

너의 목숨
나의 목숨이니
나에게
맡겨라!

나으리라!
나으리라!
나으리라!

걱정 말라!

네!
네!
감사합니다!

능력의 한계를 알라

능력의 한계를 알고
끝낼 때 끝내야 한다.

그것을 모르고 날뛰면
큰 낭패를 보지!

그러니 사람은 마땅히
각자 자기 한계를 알아
처신하여야 해!

이게 지혜로운 거야!

알겠느냐 말이다!

네!
잘 알겠습니다!

감사합니다!

니가 나를 버려!

니가
나를 버려!

그럴 수 없지!
절대 그럴 수 없어!

니가
어떻게 그럴 수가 있어!

안 돼!
안 된다고!
말도 안 되는 소리 마!

그러면
하느님이 너를 버려!

너에게서
모든 것을 거두실 거야!

꼭 그러실 거야!
명심해! 명심하라구!

다들 가야 하는데

다들
가야 하는데!

언제
가야 하나요?

어데
가야 하나요?

누구든지
다
가야 하는데!

다들 가야 하는 데가 어딜까?
믿음으로 희망 갖고
주님 뵐 수 있는 곳 그곳에
가야 한다는 것이리라.

더 열심히 해야지

정신 차려서
더 열심히 하여야 할 건데요

암요
그러고 말고요

이놈아!
어떻게 하는 거냐?
더 열심히 해야지!

아버지
도와주세요!

매사 확실히 하라

이것도 아니고
저것도 아니다!

이것인지
저것인지를
확실히 하라!

그래야
잡힌다!

그러지 않으면
꿩도
구럭도
다 잊어버린다!

조심하세요!
맨 마지막에!

무엇에 대적하라고?

대적할 데가 없어!
대적할 것이 없어!

어디에 대적하라고?
무엇에 대적하라고?

아무것도
대적할 게 없어!
어디에도
대적할 게 없어!

그런데
무엇 때문에
이러는 거야?
알 수 없어!
전연 알 수 없어!

　　허라! 허라!
　　허라고!
　　아무래도 현실에!

보물을 찾아라

보물을
찾으라고?

내가
어떻게 찾으라고?

땅이라도
파란 말야?

그러면
그래야지!

뵐 수 있는
바로 가까이에 있으니!

분수대로 해봐

너무
서둘러서도 안 되고
너무
느릿거려도 안 돼!

자기 분수대로
해야 해!

그러면
아무 탈 없어!

이것을 어기면
탈나게 마련이지!

그러니
자기 분수를 알아야 해!

분수대로 해봐!
그러면
탈 없어!

아냐!
우리는
이것으로
충분해!

무엇이
더 필요해?

필요한 것
없어!

그저
감사할 뿐이야!
그저
감사할 뿐이야!

예수님
따라
가는 거야!

바로
그것뿐이야!
더 이상은
없어!

그저
빌며
빌며…

이거야!
이거야!
바로
이거야!

살려 줬으면 됐어

하얀 보자기
그것만이면 됐어!

살려 줬으면
된 것 아냐?

됐어
욕심 낸 것은 아닌네

그래도
내 아들이구만!

이봐!
신경 좀 써!

이 아이는
내 것이야!
누가 뭐라고 해도
내 것이야!

하얀 쟁반 위에 하얀 보자기.
꼭이나 미사 때 제단 위에 깔아놓는
하얀 보자기.
그것만이면 됐어.
욕심 내지 않아 살려 주었으니
그것으로 충분한 것 아냐?
네! 그러면요!
네! 됐어요! 황송해요!
감사해요!
앞으로 신경 써라!
내 아들이다!
누가 뭐라 해도 너는 분명히 내 아들이다!

살려 주시고 당신 아들로 삼아 주셨으니
이보다 더 큰 은총 어디 있겠는가?
감사하여라. 감사하여라.
황송하여라. 황송하여라.

손을 털지 마라

'너는
감사한 마음을 갖고
손을 털지 마라'

새벽녘에 일어나 새벽미사 참배하러 가기 전에 집에서 매일 기도드리는 대로
무릎 꿇은 채 합장하고 '성모님 문 열어 주세요, 예수님 저 왔어요'를
연거푸 되풀이 하니 합장한 두 손이 벌어졌다.
이 기도문은 용산 적색지대에서 고생하다 병 얻어 허덕이던 여인을
막달레나 수녀원 수녀님들이 데려다가 보호하여 주었고
'레나'는 세례명으로 세례 받게 하여 주었는데,
결국 사경에 들어 임종 직전에 '성모님 문 열어주세요. 예수님 저 왔어요'라 한 것이다.

그런 다음 여러 사람들을 위하여 기도드린 다음
정좌하고 암송하는 50여 개 성서구절을 외우고,
'너희는 나를 누구라고 생각하느냐?'를 되풀이 하였을 때
무릎 위에 올려놓았던 두 손이 무릎에서 떠올랐고,
바라보고 기도하던 그 십자가가 복제되어 나에게 가까이 다가왔다.
이때 무아경(無我境)에 들어갔다가 깨어나 방유용(方有龍) 신부님의 영성인
'무아(無我), 점성(点性), 침묵(沈默), 대월(對越), 면형(麵形)'을 계속해서 외워대고
있었을 때 무아경(無我境)에 다시 들어 간 중에 위에 적은 것이 번뜩 떠올라 곧바로
기록한 것이다.

'손을 털지 마라'는 단념하지 말라, 버리지 말라,
떠나지 말라고 경고하는 것이리라.
늘 감사한 마음 갖고 여하한 일이 있어도
그에서 떠나지 말고 지켜라 하시는 것이다.

쓸데없는 생각하지 마라!

알 것 아닌가?
괜히
쓸데없는 생각하는 게 아닌가?

너는
알 게 아닌가?

아닙니다.
전연 모릅니다.

그런 생각
버려야 해요!

무념(無念)하여라!
쓸데없는 생각하지 마라.

오늘 멕시코 과달루페 성모발현 성지
순례 길에 떠납니다.

성모님! 거기서
꼭 성모님 뵙게 하여 주소서!

이게
마지막일 것 같네요!
성모님!

둘이서 가는
마지막 길인 것 같네요!

그런 생각 버려라!
괜히 쓸데없는 생각하는 게 아니냐?

간절히 간절히 바라옵니다.
성모님!

그 다음 몇 해 지나서
나의 집사람은 치매가 발병하여
그곳을 다시 갈 수 없게 되었다.
나는 모른다고 하였지만 그런 짐작이 갔던 모양이다.

얘야 꼭 해야지

어차피
하여야 할 일이면
해야지

얘야
꼭 하야지!

절대로 안돼
안돼

꼭 해야 해

억지로라도
해야지
어떡해?

오늘은 매우 추운 겨울날이다.
임자가 감기로 새벽미사를 궐하고
나 혼자서만 새벽 미사에 참례하러 갔다.
눈이 수북이 쌓였고 또 오고 있었다.
길은 매우 빙판졌다.

성당에 도착하여 보니
본당 신부님이 길에 싸인 눈을 치우시고
소금을 뿌리고 계셨다.
민망하고 감사하다.

나의 감기도 좀 나아지기는 했지만
아직도 쿨룩대고 있는 형편이다.

내가 써보고 싶은 시집과 나의 묵상록을
꼭 완성하여 세상 사람들에게
도움이 되었으면 하고 바라는 마음 간절하다.
아마도 이를 위하여 게을리 말고 꼭 완성하라는
성령님의 꾸짖으심이요 타이르심인가 보다.
명상시집은 몇 년 전에 냈다.

이르는 것을 실천해야

안 했으면
안 했을 것이다!

무엇을
안 했다는 것입니까?

이르는 것을
안 했다는 것이다!

그러니까
꼭 일러야 하고
그 이른 것은
꼭 실천해야 한다!

이르는 것을
꼭 실천해야지!

그러면 된다!
모든 것이 된다!

주님 어째서 저를?

이 무엇이
그리 대단하다고
그리 야단이야!

아무것도 아냐!

다 버려 버리야지!

주님
어째서
저를
이렇게!

거기에
인도하십니까?

주님
어째서
저를
여기에?

하느님이 하시는 일인데

오래 하게 되었네요!
오래 하게 되었습니다!

　　맘은 사람들이
　　협조하여 주지 않았습니까?

그럼요!

　　만나자고
　　그러는데!

저를
만나자고요?

그렇게
빨리 될 줄은 몰랐어요!

다 하느님이
하시는 일인데요!

하느님과 말씀 나눔、 따름

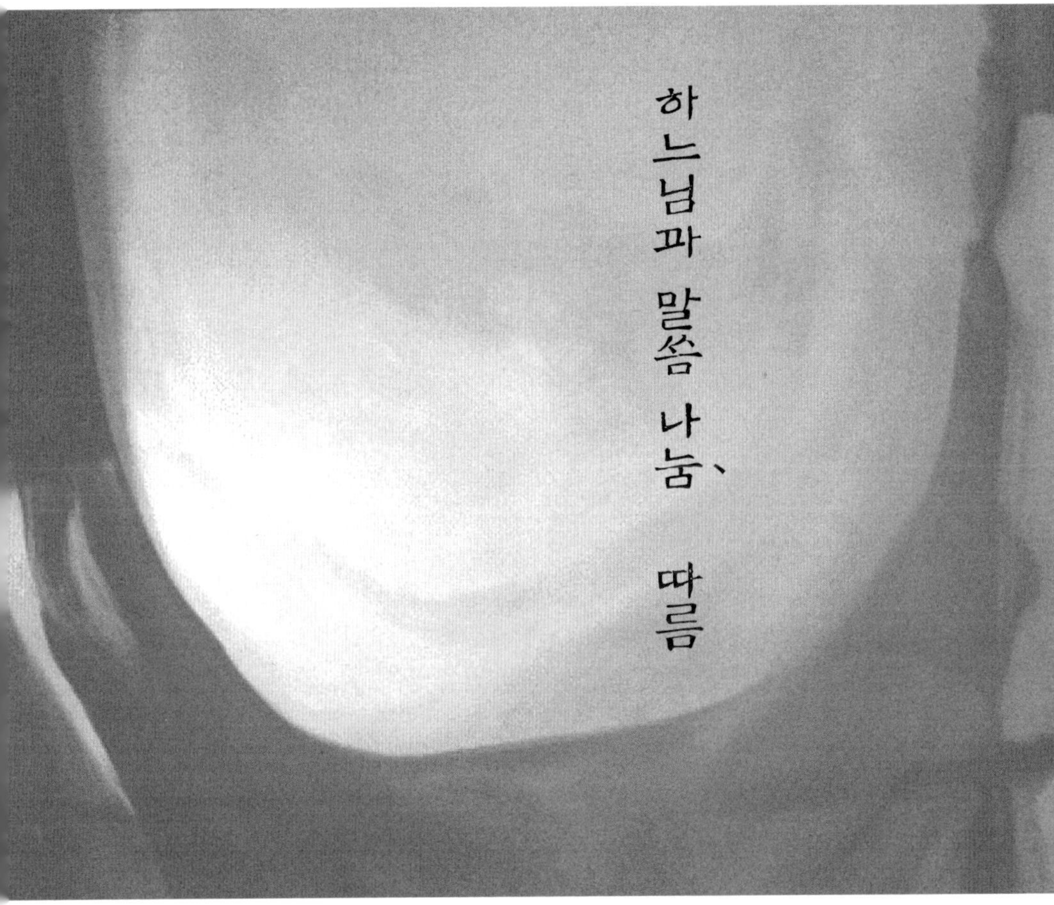

아!
이제 그것으로
충분합니다!

하느님께서 주신
말씀으로
충분합니다!

그 말씀 안에
모든 것이
다 들어 있기 때문입니다!

그렇습니다!
모든 것이 다
들어 있습니다!

말씀 안에
생명이 들어 있고
진리가 들어 있습니다!

말씀을 듣고 믿고
알아듣고
지키는 사람은
하나님의
모든 은총
받습니다!

왜?

거기에
하나님의 계명
들어 있고
그 계명 지키는 방법
다 들어 있기 때문입니다!

이것을 이루지 못하는 것은
다 내 탓입니다!

강물을 따라가면
바다를 만날 수 있듯이
주님의 말씀을 따르면
반드시
대망의 대해에
나아갈 수 있습니다!
하나님 계신 곳에
다다를 수 있습니다!

그러니
하느님의 말씀 존중하여
지켜가야 합니다!

그래야
구원 있습니다!

무엇이던지 해 보게

자네는
무슨 사람인가?

자네를
보니
많이 닮았네!

자네가
하고 싶은 대로
해 보게!

무엇이던지!

무엇이던지
해 보게!

잘 들어 봐!

ㅇㅇ 어른!

야!
이리 와 봐!
이리 와 보라니까?

무엇 하러
오라는 것입니까?

와 봐!

하느님께서
말씀하실 거야!

잘
들어 봐!

모든 것을
회개 해!

그리고

나에게
와!

하느님!
하느님!
하느님!

잘못했어요!
잘못했어요!
잘못했어요!

잘 몰라요!

네!
잘 몰라요!

지가
그것을 어찌
알 수가 있는가요?

잘
알려 주세요!

네!
무엇이 무엇인지
잘 몰라요!

똑바로
알아야 하는데요!

무엇이
나에게
그것을 가져다주는지

잘 몰라요!

주님!
어떻게
해야겠어요?

무엇이 나에게 그것을 가져다주는지?
무엇이 무엇이며, 그것이 무엇인가?
필경 하느님 말씀이 나에게 생명을 가져다준다는 것이겠지.

'주님 어떻게 하여야 하겠습니까?'에 대하여서는
주님의 대답이 없다. 알려주시지 않으신다.
그러니 내 자신이 '알아서 하라' 하시는 말씀이다.
나 자신에게 달렸다.

잘못에 걸리지 말아야

다들
나에게 오너라!

그리고
똑바로 보거라!

나를
똑바로 보거라!

걸릴 수도 있고!

무엇이 걸려!

걸린다는 것이 무엇이야?

잘못
죄
이런 것들에 걸리지!

잘못
죄

이런 것들에 걸리면
하느님께
나아갈 수 없지!

그러니
이러한 걸림돌을
제거하고
하느님께
나아가야 해!

열심히
기도하고
실천해!

그러면
뚫릴 거야!

하느님께 말씀 드려보세요

고통이
심하신 모양 같으네요!

내가
한마디 해볼까요?
다 쏟아 놓을까요?

아니요!

하느님께 말씀 드려보이소!
늦으면 늦을수록
어려워져요!

그것도 모르고
나는 우에 합니까?

A라는 분은 나의 쓰라린 고통을 다 알고 있다.
그 분은 B라는 나에게 그 고통을 다 털어놓겠다고 한다.
B라는 나는 그러지 말라고 애걸한다.

A라는 그는 나의 그 고통을 하느님께 말씀드려보라고 권한다.
그리고 가급한 빨리 말씀드리라고 권한다.
그러나 그것을 못하고 있는 B라는 나는
자신을 한탄하고 안타까워한다.

A라는 그분이 누구실까?
분명 성령님이실 것임에 틀림없다.

이 글을 적고 있었을 때
나이지리아에 있는 나의 전 연구소인 국제열대농학연구소에서
나의 자문을 구하는 전화가 15년 만에 처음 와서
나의 마음속에 맺힌 회포를 다 털어놓았다.

하느님께 의지하고 매달려 살겠습니다

걱정하지 마소!
걱정하지 마소!
걱정하지 마소!

하느님께서
다 잘 돌봐 주실 것이니
걱정하지 마소!

하느님께서
다 잘 돌봐 주실 것이니
걱정하지 마소!

하느님!
어찌하면
좋겠습니까?

어찌하면
좋겠다니
그게 무슨 말인가?

내가

잘 돌봐 주겠다고
하지 않았던가?

걱정 마!
걱정하지 말라고!

내가
잘 돌봐 줄 것이니까!

하느님께서
돌봐주시겠다 하시니
걱정하지 않겠습니다!

그저
하느님께 의지하고
매달려 살겠습니다!

그러면
저는
아무것도 필요 없습니다!

그냥
하느님께
매달려만 있겠습니다!

계획대로 이루어진 것이다

모두
드러내어질 것이다!

나쁜 것은 나쁜 것으로
좋은 것은 좋은 것으로
모두 드러내어질 것이다!

그러니
그날을 기다려라!

그날은
오직 하느님만이
아신다!

하느님께서
정하신 일
정하신 날이니
그게 그날
이루어 질 것이다!

너희들은

의심치 말고
이것을 믿어라!
그리고 기다려라!

이것은
하느님의 약속이다!

그러니
꼭 이루어 질 것이다!

다시
받아주세요!

허물을 지우시고
다시 받아주세요!

처음부터
계획하신 대로
이루어질 것입니다!

하느님 찬양하라!

야!
너는
잘 됐다!

그것 있잖아!
그것 말야!
그것!
한번만
불러줘!

찬가!
찬가 있잖아?
그것
한번만
불러줘!

그것은
왜?

하느님
찬양하라고!

하느님
아버지!!!

시편은
하느님 찬양하는 찬가다.

하느님 찬미 찬양
모세의 노래
나는 주님께 노래하리라.
그지없이 높으신 분,
말과 기병을 바다에 처넣으셨네!
주님은 나의 힘, 나의 굳셈.
나에게 구원이 되어 주셨다.
이분은 나의 하느님, 나 그분을 찬미하리라.
내 아버지의 하느님, 나 그분을 높이 기리리라.(탈출15,1-2)

느헤
모든 찬양과 찬미 위에 드높으신
당신의 영광스러운 이름은
영원에서 영원까지 찬미 받으소서.
당신은 주님
당신 홀로 주님이십니다.
당신께서 하늘을,
하늘 위의 하늘과 그 군대를,
땅과 그 위에 있는 모든 것을,
바다와 그 안에 있는 모든 것을 만드셨습니다.
모든 것에 생명을 주시는 당신께
하늘의 군대가 경배합니다.(느헤9,5-6)

다니엘
해와 달아, 주님을 찬미하여라. 영원히 찬송하고 찬양하여라.
하늘의 별들아, 주님을 찬미하여라. 영원히 찬송하고 찬양하여라.
비와 이슬아, 모두 주님을 찬미하여라. 영원히 찬송하고 찬양하여라.

모든 바람아, 주님을 찬미하여라. 영원히 찬송하고 찬양하여라.
불과 열아, 주님을 찬미하여라. 영원히 찬송하고 찬양하여라.
추위와 더위야, 주님을 찬미하여라. 영원히 찬송하고 찬양하여라.
(다니3,62,63,64,65,66,67)
이슬과 소나기야, 주님을 찬미하여라. 영원히 찬송하고 찬양하여라.
서리와 추위야, 주님을 찬미하여라. 영원히 찬송하고 찬양하여라.
얼음과 눈들아, 주님을 찬양하여라. 영원히 찬송하고 찬양하여라.
밤과 낮들아, 주님을 찬미하여라. 영원히 찬송하고 찬양하여라.
빛과 어둠아, 주님을 찬미하여라. 영원히 찬송하고 찬양하여라.
번개와 구름아, 주님을 찬미하여라. 영원히 찬송하고 찬양하여라
온 땅아, 주님을 찬미하여라. 영원히 찬송하고 찬양하여라.
(다니 3,68,69,70,71,72,73,74)
사람들아, 주님을 찬미하여라. 영원히 찬송하고 찬양하여라.
이스라엘아, 주님을 찬미하여라. 영원히 찬송하고 찬양하여라.
주님의 사제들아, 주님을 찬미하여라. 영원히 찬송하고 찬양하여라.
주님의 종들아, 주님을 찬미하여라. 영원히 찬송하고 찬양하여라.
의인들의 마음과 영혼아, 주님을 찬미하여라. 영원히 찬송하고 찬양하여라.
거룩한 이들과 마음이 가난한 이들아, 주님을 찬미하여라. 영원히 찬송하고 찬양하여라.
(다니3,82,83,84,85,86,87)

노래하여라, 하느님께 노래하여라
노래하여라, 우리 임금님께 노래하여라.
하느님께서 온 누리의 임금이시니
찬미가를 불러라.
하느님께서 민족들을 다스리신다.(시편47,7-8)

'온 세상아 주님께 환성 올려라.
기뻐하며 주님을 섬겨라.
환호하며 그분 앞으로 나아가라.
너희는 알아라, 주님께서 하느님이심을.
그분께서 우리를 만드셨으니 우리는 그분의 것,
그분의 백성, 그분 목장의 양 떼이어라.
감사드리며 그분 문으로 들어가라.
찬양 드리며 그분 앞뜰로 들어가라.
그분을 찬송하며 그 이름을 찬미하여라.'
(시편 100,1-4)

내 영혼아, 주님을 찬미하여라.
내 안의 모든 것들아, 그분의 거룩하신 이름을 찬미하여라.
내 영혼아, 주님을 찬미하여라.

그분께서 해 주신 일 하나도 잊지 마라.(시편103, 1-2)
주님, 저희에게가 아니라 오직 당신 이름에 영광을 돌리소서.
당신의 자애와 당신의 진실 때문입니다.(시편115,1)

주님을 찬양하여라, 하늘로부터.
주님을 찬양하여라, 높은 데에서.
주님을 찬양하여라, 주님의 모든 천사들아,
주님을 찬양하여라, 주님의 모든 군대들아.
주님을 찬양하여라, 해와 달아.
주님을 찬양하여라, 반짝이는 모든 별들아.
주님을 찬양하여라, 하늘 위의 하늘아
하늘 위에 있는 물들아.
주님의 이름을 찬양하여라,
그분께서 명령하시자 저들이 창조되었다.(시편148,1-5)

숨 쉬는 것 모두 주님을 찬양하여라. 알렐루야.(시편150,6)

주님, 천사들 앞에서 노래 부르나이다.
주님, 제 마음 다하여 당신을 찬송하나이다.
제 입의 말씀을 들어 주시기에,
천사들 앞에서 찬미 노래 부르나이다.
거룩한 성전 앞에 엎드리나이다.
당신은 자애롭고 진실하시니, 당신 이름 찬송하나이다.
제 영혼에 힘이 솟았나이다.
주님, 세상 임금들이 당신 말씀 들을 때
저들이 모두 당신을 찬송하게 하소서.
주님 영광 크시오니,
주님의 길을 노래하게 하소서.
(시편138, 1-5)

마태
앞서 가는 군중과 뒤따라가는 군중이 외쳤다.
다윗의 자손께 호산나!
주님의 이름으로 오시는 분은 복되시어라.
지극히 높은 곳에 호산나!(마태21,9)

대략 10여 년 전에 다음과 같이 적어
우리 집 거실의 화장실 거울에 붙여 놓아
거기에 드나들 때마다
나의 눈과 사람들의 눈에 뜨이도록 했다.

아멘 호산나! 알렐루야!
주의 이름으로 오시는 이여
찬미 받으소서.
구원과 영광과 권세가
우리 하느님의 것이다.
지극히 높은 데서도 호산나!

성경을 읽다가 이렇게 적었던 것이다.
그러나 그 뜻이 명료히 들어나지 않았다가
위에 적은 '하느님 찬양하여라'를 적고 나서야
조금 알 것도 같다.
이것이 하느님 찬미의 노래라는 것만을.

내가 하라는 대로 해!

이제부터
너는
내가 하라는 대로 해!

알겠어?
다짐해!

이제
내가 하라는 대로 해!

가만히 있어!
알겠어?
알겠느냐고?

이제
내가 시언(矢言)하는 것인지
모르겠네!

그러고 있어!

쳐다봐!

쳐다보라니까!

가시관 쓰신
예수님의 모습이!

주님께 다 내맡겨라! 하시는 것이다.
이렇게 다짐하시는 것이다.
그래야 주님 뵐 수 있기 때문이다.

시언(矢言): 아주 굳게 언약함.
이런 단어는 한 번도 들어보지 못하였고 물론 써보지도 못한 것이다.

그건 안 돼

그건
안 돼!

왜
안 된다는 건데?

그냥
안 돼!
안 된다니까!

도대체
왜
안 된다는 거요?

그렇게
말은 했지만
하고 싶으면 해!

야!
무슨 소리냐?

하고 싶으면 해!
하라고!

어느 일을 해 보기도 전에 안 된다고 포기해 버리면
아무 일도 성취할 수 없다.

그러나 하느님의 격려를 받고
하느님의 일을 위해서라면
좌절하지 말고 열심히 노력하여 성취할 수 있다.

이런 뜻이겠지.

국제 결혼하여 미국에 왔지만
매우 불우하게 된 한인 여성들이 많다.
이런 여성들을 위한 사회복지사업 기금을 마련하자는
신부님의 아이디어로
성당 신자들이 모금 운동을 시작하자 하였다.

이에 대하여 매우 부정적이었다.

시작도 해보지 않고
그만 처음부터 포기한 것이다.

이 세상 해보지도 않고, 시작도 해보지 않고
성취한 일이 어디 있는가?

그것을 해 낼 거라고

거기서
나는 그것을 몰랐거든

그래서 나는
문제가 틀리면
그것을 해 낼 거라고!

당장
이것을 치우고!

네! 아버지!

이것을 다시 정리하면 이런 것이겠지.

거기서 나는 그런 것을 잘 몰랐거든요.
그래서 이번에 나는 만약 문제가 다시 비틀린다면
그것을 기필코 해낼 거라고요.

그렇다면 당장 이것을 치우라고! (좌절감을 버리고 의심 버리라고)

네! 하느님 아버지!
그러겠습니다.
꼭 희망을 갖고 해낼 것입니다.

내가 있잖아

걱정하지마!
내가 있잖아?
내가 있잖아?

내가 있다구!

Do not worry!
I am with you!
I am with you!

Listen, I said,
I am with you!

주님께서 말씀하신다.
'내가 너와 함께 있다. 그런데 무엇이 두렵고, 무엇이 걱정이고,
무엇이 어렵다는 것이냐? 걱정하지 마라'

치매에 있는 나의 집사람에게 자기 전 이렇게 세 번 기도하여 준다.
'주님은 나의 빛 나의 구원이오니 두려울 것 없어라.
엄마야? 아무것도 두려울 것 없고 무서울 것 없고 걱정할 것 없지?
왜냐? 하느님께서 우리와 함께 계시니.'
그러면 집사람은 꼭 '아멘' 하고 응답한다.

나를 어찌 하겠느냐?

야!
너는
나를
어찌하면
좋겠느냐?

섬겨
받들어야지요!

사랑해야
하고요!

하느님께
나아가야지요!

하느님께
나아가
하느님
뵙는 거요!

내 말을 잘 듣고 지켜라!

너희는
내 말을
잘 듣고
잘 지켜라!

그게
네가 할 일이다!

안 그러냐?

그러니까
결국은
하느님 말씀 잘 듣고
실천하란 말씀 아니십니까?

그밖에
또 있습니까?

아니야!
그것뿐이다!

내 말을 잘 들어라

내가
말할 것이니
잘 들어 두어라.

내 죽음은
헛되지 않다.

주님의 말씀 잘 받들어
마음을 청정하게 하고
말을 올바르게 하고
행실을 정의롭게 하여
주님의 죽음을 헛되이 하지 말아야.

내 일을 하자

있건
없건
고사하고

내 일을 하자!

알겠는가?

오늘이 요한 돈 보스코 성인의 기념 축일이다. 성인은 1815년 이탈리아 가난한 농부의 아들로 태어났다. 일찍 아버지를 여의고 어머니에게서 신앙과 노동에 대한 가르침을 받았다. 사제 성인은 1859년 '살레지오회'를 창설하셨다.
1888년 선종하셨고 1934년 시성되셨다. 성인은 청소년 교육의 주보성인이시다. 매우 훌륭한 일을 하신 분이시다. 나는 나이지리아에서 사레지오회에서 파견되시어 거기서 서품하신다음 사목활동을 하신 신부님과 인연을 맺어 사레지오회에 대하여 약간 알고 있다.

사람이 주위에 있건 말건, 금전이 있건 말건, 지식이 있건 말건,
여건이 좋건 말건 고사하고 일을 찾아 일을 하자!
남의 일이라 생각지 말고, 내 자신의 일이라 생각하고 일을 찾아 일을 하자!
그게 하느님의 일이 내 일이라 생각하고 일을 찾아 일을 하자!
요한 돈 보스코 성인처럼. 알겠는가?

내 것이 다 네 것인데

무엇이
겁나냐?
겁날 것 없다.

내 것이
다 네 것인데
무엇이
겁나냐?

Oh My God!
하느님!
나의 하느님!
무엇이
아쉽겠습니까?

내가 그랬어

누가
그랬는지 모르는데?

안다구?

내가 그랬어
바로 내가!

그리고 네가 왜?
왜 그랬어?

왜 왜 왜?

말이 없잖아!

나의 잘못을 뉘우치라는 말씀이다.
나의 잘못을 자인하라는 말씀이다.
그리고 그 이유와 동기를 살펴 알라 하는 것이다.

네가 그럴 수가!

그러면
말해봐!
말하라고!

네가
어찌
그럴 수가!

네가
뭐라고!
그럴 수가!

그따위 짓 하면
안 돼!

이번에는
뚱하다고만
전해!

뚱하다: 내가 한 일이 못마땅하시어 시무룩하시다는 뜻.

네가 키울 수 있느냐?

네가
키울 것 같으니?

아냐!
아냐!
네가 키울 수 없어!

너는
정말 키울 수 없어!

내가
뭐라고 했어!

나도
그렇게 생각해!

이것으로써 나에게 무엇을 알리시고 져 하시는 것일까?
하느님께서는 나의 능력을, 나의 신심을 의심하시고 불신하시고
나도 무능함을, 모자람을 자인하고 있는 것이다.
그런데 무엇을 키울 수 없다는 것인가?
하느님의 이끄심 없이는 나의 신심을 더 이상 키울 수 없다고 경고하시는 것이리라.

다들 모아라!

있는 것이란
참으로 무섭다!
참으로 두렵다!

왜
있는 것이
두렵습니까?

왜요?
어째서요?
무엇 때문에요?

하느님으로부터
떠나가려고 해서!

다들
모아라!
한군데로
모아라!

어찌 하려고요?
지금
반기가 넘었어요!

반기(半期): 일기(一期)의 절반.
이 상대세계에 존재하는 모든 사물(事物)에는 일기(一期)가 있다.
그렇다면 이 모든 존재하는 것의 일기(一期)의 절반을 말하시는 것인가?

'있는 것'이란 도대체 무엇을 지적하시는 것일까?
존재하는 것을 의미하시는 것인가?
그렇다면 모든 존재하는 것을 가리키시는 것일까?
아니면 특별한 존재를 가리키시는 것일까?
모든 인간을 가리키시는 것일까?
아니면 특정 인간(떠나갈려는)을 가리키시는 것인가?
아니면 인간의 특정한 사물을 가리키시는 것일까?
아니면 내가 소유하는 모든 것을 의미하시는 것일까?

'다들 모아라'
'다들'이란 누구를 또 무엇을 말하시는 것인가?
모든 사람들을 말하시는 것인가?
주님을 떠나려는 자들을 말하시는 것인가?
그들을 모아서 어찌 하시겠다는 것일까?
다 부서뜨리시겠다는 것일까? 다 없이하시겠다는 것인가?
다 벌하시겠다는 것일까?
반기(半期)가 넘은 차제에 어찌 하시겠다는 것일까?

왜 나에게 모으라 하시는 것인가?
어떻게 모으라는 것일까?
모으지 않으면 어찌될까?
왜 나에게 이렇게 어려운 과제를 맡기시는 것일까?
참으로 불가사의하다.
참으로 무섭다. 참으로 두렵다.
책임이 너무나도 크고 벅차다.

다시 한 번 좌정하시오

Settle down, 좌정하시오,
Settle down, 좌정하시오,
Once more. 다시 한 번.

나는 그걸 몰라
그게

우리는
그것을 모르겠지만,

집에 가셔서
그것을 한번 꼭 해 보시지요.

집에 가서 꼭 한번 해 보라 하시는 그것이 무엇일가?
집에 가서 좌정하고, 좌정하고 또 좌정하고
꼭 한번 해 보라 하시는 그것이 무엇일까?

밖에서 무슨 언짢은 일을 당하면
집에 가서 침착히 분노를 가라 앉혀, 참고 용서하라 하시는 것일까?

들어가세요 길

한 번만
거기를
가 보겠다고?

내 속
썩지 않게?

기쁘면
자주
이런다고?

나는 그런데
그것을
잘 몰라!

가 볼 수가
없잖아요?

예!
지가
요한입니다!

하느님과
친해야 하는 것
아니요?

들어가세요!
다 들어가세요!

그냥
들어가세요!

주님 계신 곳에 한 번만 들어가라 허락하여 주시는 것인가?
한 번만 다 들어가도록 허락하여 주시는 것인가?
요한 같이 주님 뜻을 잘 받드는 사람들에게만……

마음의 그림

이렇게 하여
마음의 그림을
그려보는 것이다.

더 이상은
말하지 말라는 말이야!

마음의 그림을 그려 보라 함은 도대체 무슨 뜻인가?
그리고 그것만으로 족하고 그것만으로 끝여야 한다 하시니
그것으로 무엇을 알리시려는 것일까?

말로 아니라, 또 글로 아니라 다만 그림을 마음에 그려 보라 하시니
마음에 그린 그런 그림이 오래 남아 있을 리 없다.
그리고 그것은 자기 자신의 체험일 뿐이지
다른 이에게도 전달할 수 없고 남길 수도 없는 것이다.
어째서 그러한 그림을 마음에 그려보라 하시는 것일까?

그러나 주님은 그런 그림을 알아보신다.
우리 신앙인들은 각자 자기 마음에 그런 그림을 그리며 살아간다.
그 그림은 제 각기 다르다.
화려한 그림도 있을 것이고 어쭙잖은 그림도 있을 것이다.
주님 보시기에 좋은 그림도 있을 것이고 그렇지 못한 그림도 있을 것이다.
마땅히 주님 보시기에 좋은 그림을 그리며 살아가야 할 것이다.
이런 그림을 이 세상 마치고 하늘나라에 가서
주님에게 보여 드리고 기뻐하시도록 힘써야 할 것이다.

모든 것이 괴로워요

모든 것이
괴로워요!

단 한 번만 하세요
더는 안돼요

알겠어요?

안돼요!
그래서는 안돼요!
알겠어요?

'모든 것이 괴롭다'고 하는 그러한 자포자기, 체념, 불만을
행여 해서는 안 된다는 말인가 보다.
이런 말은 어쩌다가 한 번은 쓸 수 있어도
두 번 다시 써서는 안 된다는 강력한 타이름의 말씀이시다.
경고의 말씀이시다. 다짐의 말씀이시다.

여하한 어려움이 있어도 절대 좌절하지 말고, 실망하지 말고
그것을 끝까지 노력해서 극복하여 꼭 달성하고 성취하라는
격려의, 경종의 말씀이시다.

무엇이 중요합니까?

세상에서
무엇이 중요합니까?

말해 보세요!
무엇이 중요합니까?

별 볼일이 없는 것 같은데!
안 그래요?

　　여보시오!
　　무슨 소리요?

　　여보시오!
　　그따위 소리 마시오!

　　몰라서 하는 소리요!

세상만사 중요치 않은 것이 없는데
'세상에서 무엇이 중요합니까?'라 하였고
별 볼일 없는 것 같다고 하였다가 크게 혼줄 났다!

아무것도 없다고!

아무것도 없습니다!

　　뭐라고?

아무것도 없다고요!

　　그러면 됐다!

　　지금
　　무슨 말을 하는 거야?

아무것도
없다고요!

봉황처럼
편하게 했으면
좋겠어요!

　　편하게 해?
　　편하게 해?

편안한 삶 찾지 마라 꾸중을 주신다.

아버지의 사랑

아버지가
아버지가
나를
사랑하신다고.

어머니가
어머니가
나를
사랑하신다고.

이것을
모르는 이가
사람인가?

참으로
불쌍하다!

그러면
무엇 때문에 살아?

하느님의 모습을
그려 볼 때
이때가
제일 좋습니다.

이보다
더 기쁜 게
있습니까?

안 일러 주셨지!
그래도
알아요!
안다고요!

오늘이 예수 성심 대축일이다.
이것을 모르고 성당에 가서 새벽미사에 참례하고서야 뒤늦게 알게 되었다.

미사 참례하러 가기 전 집에서 기도하다가 무아경에 들었을 때
위와 같은 깨달음을 받았다.
이로써 '아버지 사랑, 어머니 사랑'을 까마득하게 잊고 살아가는,
모르고 살아가는 나를 혹독하게 나무라시고, 꾸짖으시는 것이다.

오늘의 제1독서(호세 11,1-7)에
사랑의 아버지의 모습과 이러한 아버지를 잊고 살아가는,
배은망덕하는 우리의 모습이 똑똑히, 여실히 그려져 있다.

'이스라엘이 아이였을 때에
나는 그를 사랑하여 나의 그 아들을 이집트에서 불러내었다.
그러나 내가 부를수록 그들은 나에게서 멀어져 갔다.

……
내가 에프라임에게 걸음마를 가르쳐 주고
내 팔로 안아주었지만
그들은 내가 자기들의 병을 고쳐준 줄을 알지 못하였다.
나는 인정의 끈으로, 사랑의 줄로 그들을 끌어 당겼으며
젖 먹이처럼 들어 올려 볼을 비비고
몸을 굽혀 먹여 주었다.(호세 11, 1-7)

사랑의 아버지의 이미지와 부도덕하고 배은망덕하는 우리들의 모습이
이 성경 구절에서 역력히 드러나 있다.
그리고 여기에 그것을 잊고, 모르고 살아가는
우리들의 생각과 행태가 잘 묘사되어 있다.

나이지리아의 시인 푸로라 누아파의 시집 'Cassava Song'이
오늘의 이러한 제1독서의 성경말씀을 잘 알린다.
이렇게 적고 있을 때
나의 귀에서는 강한 이명(耳鳴)의 소라가 들려온다.

하느님의 모습이란 사랑스런 아버지의 모습이다.
이러한 사랑스런 아버지의 모습을 그려볼 때 그때가 제일 좋다.
제일 기쁘고 행복하다. 그리고 감사하다.

이것을 누가 일러 주어선가?
아니다.
마음 속 저 깊이에 이미 간직된, 각인된 앎이다.
하느님께서 우리 각자에게 마련 해 주신 선물의 앎이다.
최근에 하버드대 연구팀의 연구결과에 따르면
부모가 자식 사랑하는 마음과 자식이 부모 사랑하는 마음은
뇌의 신경세포 때문이란다.
그 뇌신경세포 내에 자식 사랑하라 부모 사랑하라는 정보가
태어날 때 입력되어 태어났다.

어찌하면 통할 수 있을까

이것이 통하지!

이것도 있고
저것도 있으니!

이것이 있고
저것이 없으면
통할 수 없지!
안 그래?

하나만 있어서는
안돼!
둘이 함께
있어야 해!
그래야 통해!

그래야
공감할 수 있지!
그래야
통할 수 있지!

함께 있어야 하고
함께 나눌 수 있어야
통할 수 있는 거야!

내가
가로막고 있으면
통할 수 없어!

내가
열어야 해!
그래야
통할 수 있어!

억지로는 안돼!
서로 이해가 돼야 해!
그래야
통할 수 있어!

나만의 세계에서
나와야 해!
그래야 통할 수 있어!

우리는
이것을
잘 안다고 하지만
몰라!

우리는

이것을
잘 한다고 하지만
하고 있지 못해!

마음을 가다듬어야 해!
그리고 열어야
통해!

하느님께서 알려 주셔서

암요
맞았어요
내가
그것을 알아서가 아니라
하느님께서
알려 주셔서지요

내가 스스로 알아서가 아니라 하느님께서 알려 주셔서……
하느님께서 알려주시지 않으시면
내 알 길이 없다. 알 수가 없다.

해 봐야지

뭐 하시려는 거요?
한번하고
끝내시려는 거요?

왜 이러셔요?

이걸 어떻게 해야지요?

해 봐야지!

뭐 하시려는 거요?
한번 하여보고 그만 그것으로
좌절하고 끝내시려는 거요?

어찌하여 그러시는 거요?
그럴 수는 없어요!

그러면 이걸 어떻게 해야지?

좌절할 수는 없어.
용기를 내어 다시 해 봐야지!

하느님 뵈옵

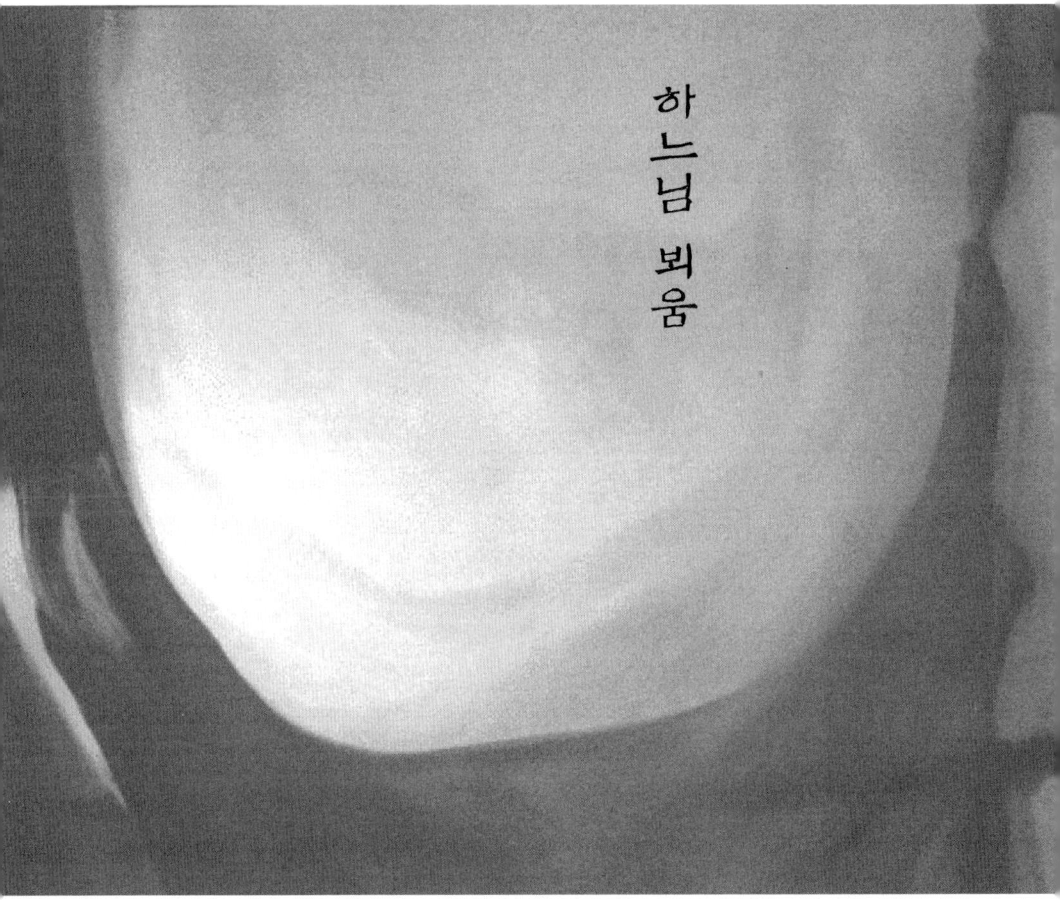

주님 계신 곳에 갔었더냐

너희는
거기에
안 갔더냐?

거기라니요?
그게 어딥니까?

주님 계신 곳
아니겠느냐?

그러면
주님 계신 곳
갔었느냐고요?

네!
주님의 음성도 들었고
주님의 모습도 뵈었습니다!
주님의 말씀도 들었고요!

모두가
기도를 통해섭니다!

기도 없이는
그런 것을
이룰 수 없습니다!

기도가
하느님 음성을 들을 수 있게 하여 주고
하느님 모습을 볼 수 있게 하여 주고
하느님 말씀을 들을 수 있게 하여 줍니다!

사람들은
그런 일이 있다고 하면서
돈만 훑어 가 버리지요!

꼭 될 수 있어!

부질없는
일을 하고 있어요!

아뇨!
그럴 수 없어요!
절대 그럴 수 없어요!
부질없다니요!

무슨 소리여!
아니여!
꼭 될 수 있어!
꼭 될 수 있어!

그게
안 된다면
신앙은 공(空)이야!
나는 공(空)이야!

꼭 뵈어야지요

너
후회 않겠지

됐다는 얘기여
알겠지

네 네 네
꼭 뵈어야지요
그러고말고요
그래야지요

네가 하는 일에 후회 없겠지
그러면 됐어. 알겠지?

예 예 예
목표는 꼭 하느님을 뵈어야 하는 거요.
꼭 뵈어야지요.
꼭요!
이러한 뜻이겠지.

꼭 뵙고 싶은데

틀림없어!
그가 바로 그여!

맞어!
그여!

틀림없어!
비로 그분이야!

꼭
뵙고 싶은데!

내
결심을 했습니다.
꼭 뵈어야 한다고요!

꼭 이루고야 말 거야!

이제
다 된 것인가?

　　뭐라고?
　　다 됐다고?

　　방정 떨지 마!

　　뭐라고?
　　당치도 않은 소리 마!

하지만 꼭
이루고서야 말거야!

얼마나
애타게
기다렸는데!

끝이 보일 때까지

무엇을
하려는 거야?

어쩌면
그게
불가능할는지도
모르는 일이야!

왜
함부로
달려들어!

아냐!
끝이 보일 때까지
해 봐야 해!

해 봐야 말고!
해 봐야 해!
꼭 해 봐야 해!

끝까지
하는 거야!
끝이 보일 때까지
하는 거야!

꼭 뵙고 말걸!
어떻게 해서든지
뵙고 말걸!

그러면
주시겠지!
기회 주시겠지!

너는 어찌 하겠느냐?

너는
이것을
어찌 생각하느냐?

만일
받아들일 수 없는
일이 생기면

너는
그것을
어찌 하겠느냐?

받아들여야지요!
하느님의 뜻이라면
받아들여야지요!

다
비우고
받아들여야지요!
겸허(謙虛)히 받아들여야지요!

그래!
그러면
됐어!

아무것도
없는데
잃을 것이
무엇입니까?

하느님을 뵙는
그 기쁨
그것이면
충분해요!

저기!
잠깐만
보여 주세요!

말하는
어린이의 모습이

네 이름이 백화白花!

네 이름이
백화(白花)!

그냥
내버려두는 거요?

아니면 무언가
더 나은 것을
내놔 보세요!

내 뱃속도
옳다 하네
내 목구멍도
옳다 하네

한참 가까이 가니
그 모습 보일락 말락
그 얼굴 보일락 말락

白花가 무엇인가?
그게 나의 이름이라니 도대체 알 수가 없다.
꽃은 아름다운 것이다.
하얀 꽃은 맑고 깨끗하고 청아하다.
주님께서는 나를 이렇게 아름답게 봐 주신다.

그래서 그 이름을 그냥 내버려 두실 거냐고 물어댄다.
그게 아니면 더 나은 것을 내 놔보시라 졸라댄다.

그렇게 청하여 올렸더니 뱃속도 편하고
목구멍도 편하다 한다.

허나 가까이 가니
그 모습 보일락 말락
그 얼굴 보일락 말락

주님의 모습이 보일락 말락
주님의 얼굴이 보일락 말락
확실히 보이지 않는다.
이런 경우 주님께서 당신 모습을 보여 주실까?
아니다. 이런 겸손치 못한 나에게 주님모습 보여 주실 리 없다.
이런 오만한 자세 보여드려 매우 죄송하다.

님을 찾아 여기까지

아직은 못 돼!
그러나
실망하지마!

곧 될 거야!
걱정할 것 없어!

열심히 해봐!
잘 될 거야!

그 세계에
들어가지 않고서는
그분을 뵐 수 없지!

아!
님을 찾아
여기까지!

여기까지 왔으니
뵙고 가야지!
꼭 뵙고 가야지!

다들 가야 하는데

다들
가야 하는데!

언제
가야 하나요?

어데
가야 하나요?

누구든지
다
가야 하는데!

하느님 뵈러 가야 한다.
언제나 어디서나
다들 꼭 가야 한다.

하느님께 나아가라고!

하느님을
뵙는 것

하느님 모습을
닮는 것

이것이
나의
희망이여!

뭐라고?
네가?
정말로?

그러면
하느님께
나아가라고!

열절한
기도로!

그것이야!
바로 그것이야!
그것밖에는 없어!

무아점성침묵대월면형(無我点性沈默對越麵形)
바로 그것이야!

하느님을 꼭 뵈어야겠어요

나
정말로
미련했소!

어째서
그것을
몰랐단 말이요!

참으로
미련했소!

내
하느님을
뵈어야겠어요.
꼭 뵈어야겠어요!

이것만은
꼭 이루어야겠어요!

그러기 위하여서는

나 텅 비워야 해요.
그리고 열렬히 해야 해요.

성모님이
계셔서
도와주실 것이요.

나는 참으로 무지하고 미련하였습니다.
하느님을 뵙는 것이
그렇게도 중요하다는 것을
어찌하여 모르고 이제까지 지내왔단 말입니까?
그리고 그 방법을 모르고 오늘에 이르렀단 말입니까?
하느님을 꼭 뵈어야 마땅하오.
기필코 그리 하여야겠어요.
성모님께 매달려 애원하면서 꼭 이루어야겠어요.

하느님을 뵙는 선상

올 차례는
아직도 멀었어!

올 차례라니요?
그게 무엇입니까?

네 일생에서
가장 중요한 일이
일어나는 차례 말이다!

그게 무엇입니까?

글쎄 말이다!
그게 무엇일까?

하느님을 뵙는 일 말이다!
이보다 더 중요한 일이
또 있겠느냐?

이것을
네 일생에서

가장 중요한 일로 삼아라!
그리고 노력하거라!

이밖의 다른 일들은
다 지엽적이다!

그러니
이 일을 꼭 이루어라!

We have to look for
those lines.

Front lines!
Dead-lines!

이를 향하여
가야 한다!

매년
매월
매일
가야 해요!

하느님 맞이하여
뵈러
가야 해요!

이보다 더 중요한 게

어디 있겠어요?

없지요!
없고말고요!

We have to look for
those lines.
Front lines!
Dead-lines
이루기 위하여서 우리는 이런 것을 찾아야 해!
전선(前線) 그리고 마감선(後線).
곧 시작과 끝을.
매년 매월 매일.

그것을 꼭 알아야

모르겠다!
그게 무엇인지
왜 그러는지
모르겠다!

그것을
알아야 하는데!

그것을
꼭
알아야 하는데!

그것을
몰라서는
안되는데!

그것이
기본인데!
그 기본을
몰라서는

안 되는데!

그것을 모르면
왜 살아야 하는지
모르는데!

그게
하느님이야!

하느님을
찾아뵙는 것
바로 그것이야!

길
꼭 뵈어야 해!

불쌍히 여기소서!
저희들을
불쌍히 여기소서!

모든 것을
바치겠나이다.

큰 뜻을 품고
가야 해!
거기에 가야 해!
하느님 계신 곳에
가야 해!
그리고 뵈어야 해!
무슨 일이 있어도
뵈어야 해!

자꾸만
시도해야 해!

새벽 미사에 나가서 들은 오늘의 화답송은 이러하다.
'주님, 제 기도를 들으소서.
제 부르짖음이 주님께 다다르게 하소서.
제 곤경의 날에 주님 얼굴을 제게서 감추지 마소서.
제게 주님의 귀를 기울이소서.
제가 부르짖는 날 어서 대답하소서.' (시편 102,1-2)

성인은 작은 어린이가 되어
젖먹이가 제 엄마에게 하듯이 전적으로 하늘에 의지한다.
(莊子 잡편(雜篇 23)

오늘 새벽미사 때 Paschal 신부님(클리블랜드 베네딕또 수사신부)이 강론 중에 'Look upon Him, and go to Him. 주님을 우러러 보라. 주님께 나아가거라.' 이렇게 힘주어 강론 말씀하셨다.

당신 모습 보여 주세요!

이
인간아!

너는
어떻게
생명을 받았더냐?

말해봐!

예! 예수님!
당신의 모습을
보여 주세요!
하느님의 모습을
보여 주세요!

예! 예수님!

아직도
멀었습니까?

만나게 해 주세요!

염려돼?

나는
누구든지
다 좋아해!

만나게 해 주세요!
나는
저 아저씨 만나면
어떻게 할까?
염려했어요!

예수 그리스도께서는
누구든지 좋아하시니
염려 말고
만나 보세요.
염려 할 것 없어요.

네, 염려 않겠어요!
그러니 꼭 만나 뵙게 해 주세요!

사람 살리는 일을 해야

야!
이게
무슨 짓이냐?

사람을
살리는 짓입니다!

사랑하는 사람을
살리는 짓입니다!

사랑하는 사람을 위해서는
무슨 짓이던
하겠습니다!

야!
정말
네가 그러겠느냐?

네!
그러겠습니다!

됐다!
됐다!

네!
네!
네!
그러겠습니다!

나를
보려면
철저히
해야지!

자신을 희생하면서라도 사람 살리는 일을 철저히 해야
하느님 뵐 수 있다.
동해 바다에서 물결에 휩쓸려 사경에 허덕이는 세 여인들을 구해 내시고
당신은 기진하여 병원에 이송되시다가 선종하여 살신성인하신
배문한 도미니꼬 심부님처럼.

침묵沈默

Q!
Q!
Q!

Sorry for that!

Q : quiet!
Q : quiet!
Q : quiet!

침묵!
침묵!
침묵!

왜냐?

침묵의 상태가
하느님을
뵐 수 있는 상태니까!

하느님은
조용히 오셔서
조용히 나타나시니까!

So
Be quiet!
Be quiet!
Be quiet!

하느님을
뵙기 위하여!

기도,
기도도
침묵 안에서
이루어져야 해!

침묵이 깨지면
모든 것이 깨져
그래서
침묵하라는 거야!

침묵이
힘 없는 것은 아냐!

무한한 힘을 갖고 있어!

그런 거라!

뭐니 뭐니 해도
그것뿐이야!
침묵뿐이야!

그날을 고대하거라

그날
처음이네!

네!
그렀습니다!

하느님을
뵈운 날입니다!
하느님의 음성
들은 날입니다!

무수한 것을 보고
무수한 것을 듣고 하지만
하느님을 뵙고
하느님의 음성을 들은 것은
처음입니다!

그날을
기억하나?

기억하고말고요!

날짜로는
기억 못하지만
그 정황으로
기억하지요!

뜻이 있으면
길이 있게 마련이다!

그 뜻을
잘 간직하거라!

그러면
너에게
그날이 또 올 것이다!

그것을 위하여
준비하고
고대하거라!

네!
그러겠습니다!

감사합니다!
감사합니다!

Come and See Me

그럴 줄 알았더라면
내
빨리 그리 하였을 것인데.

　　왜 이리도
　　어정어정 해대요?
　　아니 왜 그래요?

　　어서
　　뵈어!
　　뵈라니까?

그랬더니
갑자기
나타나셨어요.

　　똑바로 똑바로
　　뵈라고!

　　그러면
　　누가 그럴 성 싶으냐?

My part!
My part!
Everybody
Come and see me!

보였다.
보였다.

I
Dressed up and
Appeared.

주님께서 옷을 잘 차려 입으시고
나타나 보여 주셨습니다.
축복! 영광!

다 됐다

그만하면
됐네!

그만하면
됐다고!

그만하면
됐다니요?

무엇이
됐다는 거요?

모든 것이
다 됐네!

다 됐어!
다 됐어!
다 됐다고!

그러면
어찌 해야겠습니까?

어찌한다니
무엇을
어찌한다는 건가?

다 됐는데!

나아가
뵈옵게!
나아가
뵈우라고!

바로 그거야!

야!
네가 무언데
이러는 거냐?

무엇 때문에
이러는 거냐?

왜
이러는 거냐?

잘
생각해 봐라!

이것을
모르면
안 돼!

결국에는
하느님을
뵙고자 하는 게 아니냐?

하느님과
말씀을 나누고자
하는 게 아니냐?

바로
그거야!
그것 때문에
그러는 거야!

게을리 마!

어디에서?

여기서!

지금 당장
뵙는 거야!

숨길 게 없다

숨길 게
무엇입니까?

다 아버지 것인데
무엇을
숨긴단 말입니까?

그것
참으로
묘한 것이로구만!

그것
내 것이 아닌데
무엇 때문에!

하느님이
주시는 것이면
받고
하느님이
주시지 않은 것이면

못 받는 것이지!
어찌 한단 말이냐!

내가
무엇이라고
하느님을!

내가
무엇이라고
하느님 품안에!

그렇지만
내가
뵈어야 해!

그렇지만
내가
함께 해야 해!

약속했는데

내가
약속했는데!

간다고
약속했는데!

꼭 간다고
약속했는데!

가는 게 왜?
보내 줄게!

왔대! 왔대!

그이가 왔대!

주님의 약속 의심치 말고 기다려야.
그러면 주님께서 꼭 약속 지켜 주신다.
주님께서 약속하신 대로 반드시 오신다.
하나님께서 약속하신 대로 주님을 꼭 보내 주신다.

얼른 거기에 가자

나는
아무것도 아닌
나여!

그러나
하느님께서
내 안에 계시니
이보다 더 큰 영광
어데 있어!

거기에 가자
얼른 거기에 가자
응?

하느님 만나러 얼른 거기에 가자!
하느님 말씀 들으러 얼른 거기에 가자!
새벽미사 참례하러 얼른 거기에 가자!

오직 주님뿐이야

울며불며
애원해도
주님은
아무 말도 없으시네!

그러나
주님은
나의 빛
나의 구원이오니
두려울 것 없어라!

아무것도
바랄 게 없네!

오직
주님!
오직
주님!

하느님 품안으로

가는 거야!
하느님 품안으로
가는 거야!

이것뿐이야!
더는 없어!

그리고 물론
하느님 뵈어야지!

왜 여기에?

야!
너는 왜
여기에 와 있느냐?

무엇 하고자
와 있느냐?

하느님을 알아
공경하는 것
그것 아닌가요?

진짜냐?

그러면
됐어!

꼭
뵈어야지!

그래요!

이것을 권유하라고

이것을
권유하고!

무엇을 또
권유한단 말입니까?

하늘 나라를
권유하라고!

하느님께
나아가는 것을
권유하고!

이것을
권유하는 사람
이것을
권유 받는 사람
모두
행복한 사람들이야!

이보다

더 행복한 게
어디 있겠는가!

걱정 말아요!
걱정 말아요!

내
꼭 그리 하리다!

모든 것
다 버리고
그리 해야지!

감사합니다!
감사합니다!
감사합니다!

이것을
알려 주시어서
감사합니다!

주님 뵙고 싶습니다

너
불쌍하였으니

너
고생하였으니

너
꼭
그 값을
받으리라!

네!
아버지!
제 뜻대로 마시고
아버지
뜻대로 하소서!

무엇이던
감수 하겠나이다!

이제까지
받은 게 많은데
무엇을
더 바라겠습니까?

오!
오소서!
오소서!
빨리 오소서!

주님!
뵙고 싶습니다!

간절히
바라오니
허락하여 주십시오!

기다려
보렴!

주님 채비가 됐습니다

집안
다 돌아다니며
찾아봐도
안 보이시니까?

누가 말요?

하느님 말이지요!

찾고
찾고
찾아도
안 계신 거요!

그러니
어떠하겠어요?
몇 10년 찾았어도
안보이시니!

그래서

울며불며
애원했지요!

그런데
하느님은
침묵 속에
가려 계신 거요!

제 아버지가
어데 계신지도
모르니
그게 말이 되나?

주님
당신의 모습
꼭 뵈어 주십시오!

주님
채비가
다 됐습니다!!!

나타나셨다

수염 있는 어느 분이
나타나셨다.

그분의 입은 움직이는데
그분의 음성은
들을 수 없었다.

그리고 다음과 같은
말이 떠올랐다.
I believe in Jesus Christ!

　　갔다 와야지!
　　상진아!

엄니!!!

정말
왜 그러는지
모르겠네!

또 나타나셨다.
그리고 또 떠올랐다.

You are not different.

물건을 파는 일을 해야.
무엇이던지 거침없이,
수줍음 없이, 부끄러움 없이,
대중들 속에서, 앞에서
일을 해나갈 수 있어.

물건 파는 일은
영적인 일에서는
전도하는 일이겠지.

나타나신 거야!

저기를
했을 때!

> 누가
> 뭐를
> 했다는 거야!
>
> 얼른
> 말해봐!

우리는
그것이 무엇인지
몰랐거든!

그런데
이상해!
그것이
자꾸만
나타나는 거야!

말해봐!
말해보라고!

말씀하시는
예수님의 모습이

관을 쓰시고 서 계시는
성모님의 모습이
나타나신 거야!

예수님은
꼭
나타나셔!

성모님도
나타나시고!

더 이상은
필요 없어!

무엇이
필요해!

아무것도
필요 없어!

그것으로 됐어!

'저기'란 필경 기도를 의미 하는 것 같다.

'누가'란 '누군가가'란 말이다.
'누군가가 나더러 무엇을 했다는 거야'란 의미다.

'그것'이란 예수님과 성모님의 영상(靈像).

날 봐, 나를 보라고!

야!
네가 뭐라고?

아무것도
아냐!

별것 아냐!

야!
날 봐!

나를
보라고!

예!
예!

꼭 뵈어야지요!

네 마음 다 안다

네 마음
다 안다!

주님께서
상반신(上半身)은 벽에 기대고 계셨고
하반신(下半身)은 다리를 뻗으시고 계셨다.
그리고 이불을 덮고 계셨다.
주님께서 모자를 쓰시고 계셨다.

이렇게 계시면서
'네 마음 다 안다' 하셨다.
나의 마음
다 헤아려 주시겠다는 말씀이시다.

그냥 무념 상태로 있었는데 그때 무아경에 들었었고
다시 이전과 같이 기도하고 50여개 성경구절을 암송했으며
'너희는 나를 누구라고 생각하느냐?'를 되풀이하였고
그에 대한 시몬 베드로의 대답을 하여가며 깊게 묵상했다.
이때 다시 무아경에 들었다.
이때 주님 뵙고 이 말씀 듣게 된 것이다.

2009년 3월 8일 새벽 6시 30분경이다.
이전 시간으로는 5시 30분이다.

오랜 신앙생활, 오랜 기도생활, 오랜 묵상생활 끝에
주님 뵙고 이렇게 좋으신 말씀 듣게 됐으니 기쁘고 기쁘도다.
영광이로다 영광이로다.
축복이로다 축복이로다.
은총이로다 은총이로다.
감사하도다 감사하도다.

그런데 참으로 공교로운 일은
오늘의 성경 말씀이 이와 관련이 있는 내용이었다.
'예수님께서 베드로와 야고보와 요한만을 따로 데리시고
높은 산으로 올라가셔서
그들에게 거룩하게 변모하신 당신의 모습을 보여 주셨다.'
(마르 9,1-10)

무한한 곳으로

너는
무한한 곳으로
가고 있는 거야!

주님과 함께
가고 있는 거야!

필로메나도
함께!

모두
가고 있는 거야!

너는
특별히!

주님의 모습이
보인다!

파랭이 모자를 쓰신
주님을 뵙다.

'야훼 집에 가자 할 때 나는 몹시도 기뻤다.
우리는 벌써 왔다. 예루살렘아 내 문 앞에 발걸음을 멈추었다!'
(시편 122,1-2)

오늘의 화답송이다.

길 여기 계셨네

야!
이게 뭐냐?

무엇을
말이요?

저 안
깊숙이에
있는 것 말이다!

아!
그것 말이요?

야!
그게 누구신지 알아?

하느님이시야!
하느님이시라고!

그것도
몰라!

야 참!
여기에 게셨네!

야!
뭐하노!
빨리 와
경배하게!

커다란
잔치가 벌어졌네!

어서들 와
실컷
들게들!

웃으시는 예수님의 모습

얼마나
좋은지 모르겠구나!

환히 웃으시는
예수님의 모습이!

정말로
기쁘구나!

예수님
저 왔어요!

지가
왔다고요!

네 주님!
네 주님!
기뻐하소서!

성모님 문 열어 주세요!
예수님 저 왔어요!

이렇게 매일 아침 일찍이 일어나
새벽미사 참례하러 가기 전에 집에서 기도 드린 게
어언 족히 4년은 되는 것 같다.

그런데 오늘에서야
무아경(無我境) 중에 비로소 이러한
나의 기도의 말이 튀어 나왔고,
환히 웃으시며 나를 기꺼이 맞아 주시며
예수님께서 나에게 말씀 하여 주시는 것을 들을 수 있었고
또 예수님의 모습을 생생히 뵐 수 있었다.
그리고 내가 감히 예수님께 말씀 드릴 수 있었다.

감사하여라!
감사하여라!
감사하여라!

은총의 모습

지켜보는 가운데 앉아서
누군가가
들어갔다가
나가는 것을 본다.

그게
누굴까?

성녀 막달레나?
마더 데레사?

몰라!

하지만
특별한 분이신 건
확실해!

그분은 들어가서
누구를 뵈웠을까?

성모님을?
예수님을?

두 분 다 뵙고
가는 거겠지!

특별한 사람에게는
은총이
성모님과 예수님을 뵙고 가는
은총 받았겠지!

움직이는, 발 떼는 모양으로
짐작할 수 있지!

분명 그럴 거야!

다만 그 분의 다리밖에
못 보았지만
그분의 다리 움직이는 것을 보아
충분히 알 수 있어!

은총의 모습은
꼭 전체가 아니어도
알 게 돼!

조그만 표징으로
알 수 있어!

이 세상에 가장 큰 자랑

이 세상에
가장 큰 자랑이 있는데
그것은
하느님이 보이신 것입니다.

무슨 말을 하는 거요.
어서 빨리 말해보세요!

알았어요!

'Here am I, Lord;
I come to do your will.'
주여 제가 여기 대령하였나이다.
당신 뜻 받들기 위하여 여기 와 있나이다. (오늘의 응송)

하느님께서 보이신 것은
하느님 자신이실 수도 있고,
또 하느님의 귀중한 것을 몸소 보여주신 것일 수 있다.
그러니 그게 가장 큰 자랑이 아니겠는가?
하느님을 뵈웠다는 것보다 더 큰 자랑이 될 수 있는 게 어디 있겠는가?

이제 뵈었으니 됐지요

다 됐네!
다 됐다고!

그만하면
됐네!
다 됐네!

이제
어찌 해야
하겠습니까?

매달리게!
매달리라고!

됐지요?
이제 됐지요?
뵈었으면
됐지요?

나는
저 멀리서
왔어요!

뵈려고
왔어요!

이제
뵈었어요!

이제
뵈었으니
됐어요!

절대 포기할 수 없어

말도 안 되는 소리 마!

그게
무슨 소리야?

그럴 수 없어!
그럴 수 없다고!
절대
그럴 수 없어!
그럴 수는 없지!

하느님이 계신데
어찌 네가
그럴 수가 있어?

안 되지!
안 되고말고!

참으로
한심한 놈이야!

가다가
쓰러지면
일어서야지!
일어서야 하고말고!

절대
포기하면 안 돼!
포기할 수 없어!

끝까지
해 보는 거야!

뵈어야지!
뵈어야 하고말고!

반드시
뵐 거야!
기필코 뵐 거야!

오랜 침묵 끝에
주님의 모습이!
머리를 왼쪽에서
오른쪽으로
서서히 돌리시고
또 오른쪽에서 왼쪽으로
돌리신다!
말씀 없이!

주님 모습 뵈었네

주님이 어데 계시냐고?
말해봐!
어데 계시냐고?

어데 계시냐고?
말 할 수 없어!

뭐라고?
말 할 수 없다고?

주님 뵈웠네!
잠깐 뵈었네!

그 모습
눈에 선하네!

급기야
똑똑히 주님 모습 뵈웠네.
잠깐 동안이라도.

주님 감사합니다.

길 주님 어쩌자는 것입니까?

주님!
어쩌자는 것입니까?

주님 찾아가는
저에게
어쩌자는 것입니까?

갈팡질팡하는
저에게
어쩌자는 것입니까?

주님!
어쩌자는 것입니까?

주님!
주님 찾아간다고 하지만
갈팡질팡하는 저에게
어찌하시려는 것입니까?
그냥 이렇게 내버려 두시려는 것입니까?

하느님 계신 곳

전연 모르는 일이
벌어지는 것이야!

이제까지
알지 못했던 일이
벌어지는 거야!

하느님을
뵙는 거야!

가 봐! 가 뵈라고!

하느님이
계신 곳?

바로 여기야!
바로 여기라고!

I am the Lord!
I am the Lord!

이 음성이!

하느님께 가 봐!

네가 그런 생각을
하고 있다니
참으로 기쁘다!

너의 마음에
불을 켜라!

하느님 찾는 마음
하느님 기리는 마음
하느님 섬기는 마음

이번 기회에
한 번
가 봐!

하느님께 가 봐!

감사합니다!
감사합니다!

하느님

찾아 뵈어야지요!

다 버리고
찾아가 뵐게요!
다 버리고
찾아가 뵐게요!

꼭
찾아가 뵐게요!

　　그러고서는
　　하느님
　　뵐 수 없어!

　　다 떠나보내야 해!

　　알겠어!

언제나
거기 계시는
하느님
뵈어야지!

그리고
그때
뵙는 거요!

　　뵈었잖아요!

하느님을 뵙겠다고?

그래!

네가
어찌 하겠다고?

하느님을
뵙겠다고?

하느님을
뵈려면
어찌 해야 하는지
알지?

네!
알지요!

자기를 버리고
그 길을 찾는 거야!

그 길을
가야 해!

네!
각오가
되어 있습니다!

각오가
되어 있다고?

그러면
해봐!

관을 쓰시고,
눈동자를 움직이시고,
머리를 돌리시고,
입술을 움직이시는
모습이.

그 길이란 십자가(十字架)의 길이다.
십자가를 지고 예수 그리스도님을 따라 가는 길이다.

꽃다발 속에 예수님이

나
못 뵈었어

　　그럴 리가 있나?
　　그럴 수 없어!

꼭 뵈어야 해!
꼭 뵈어야 해요!

아침에
뵙고 싶다고요!

　　얼른
　　일이나
　　봐!

꽃다발 속에
예수님이!
예수님이!

오늘이 부활 전 성주간의 성금요일이다.
예수님께서 수난하신 날이다.

꽃다발이 가득히 쌓여있는 그 속에 예수님이 보였다.

하느님이 계신 것을 누가 아느냐?
하고 묻는다면 아무도 그에 대한 답을 낼 수 없다.
하지만 이 세상이 괴롭고 어찌할 수 없는 사람에게는
또 생명의 뿌리이신 이 우주의 임자를 알고 싶어 하는 사람에게는
반드시 하느님께서 가까이 다가오시어
당신의 모습을 꼭 보여 주시고
그 커드란 앎(大知)에 나아갈 수 있게 하여 주신다.
(류영모 박영호 역주 장자에서 발췌)

오늘 기도하고서 컴퓨터를 열어보다가 어찌하여선지
행복이란 파일을 열어 '하느님의 세계'를 찾다가
'커드란 앎'이라는 글을 보게 되어 위에 적은
류영모 박영호 선생의 글을 접하게 되었다.

하느님께서는
간절히 뵙고 싶어 하는 나에게,
어려움을 겪어가는 나에게
당신의 모습을 이렇게 보여 주시는 것임에 틀림없다.

하느님과 함께 하였다는 확인서

확인서(確認書)를
받아와야 해요

확인서라니
무슨 확인서요?

하느님과 함께 하였다는
확인서요

됐어요

넓은 보자기가
국기처럼 펄럭거렸다

참으로 불가사이하고 당황스러운 일이다.
어떻게 하느님과 함께 하였다는 확인서를 받을 수가 있겠는가?
누구로부터 그 확인서를 받을 수가 있겠는가?
그러한 확인서가 있는가?

하느님께서는 분명
내가 하느님과 함께 하였다는 사실에 대하여
의심을 품으시고 불신하시고 계시는 것이다.
그렇지 않고서는 그러한 확인서를 나에게 요구하실 리가 없으시다.
하느님께서는 잘 아시고 계시는데도 그렇게 확인서를 요구하시는 것은
나로 하여금 이에 대하여 확실하게 분명하게, 틀림없이, 의심 없이 하라는
지시를 내리시는 것인지도 모른다.

그 보자기가 나부끼고 있었다는 것은
보이지 않지만 바람이 불고 있었다는 것을 알려주는 것이다.
그처럼 하느님의 섭리로써 보이지 않는 하느님이 현존하심을
성령(나부끼는 보자기)이 드러내어 알려준다.
이렇게 하느님의 섭리로, 보이지 않는 하느님께서
내 안에 현존하심을 성령을 통하여 증거 함으로써,
하느님과 함께 하였다는 것을 확인(確認)하여 주는 것이다.

거기서 만났다고요

거기서
만났다고요.
꼭 한번
만났다고요.

거기서
만났다고요.

　　이마!
　　그것도 모르느냐?
　　그것도 몰라!

알았어요!

이마! : 이놈아!

하느님을 늘 만나 뵈고 살아가면서
그것을 모르고 살아가는 우리.
그것도 모르는 어리석은 우리.

하나에서 왔으니 하나로

나는
몰라!

　　　다 아는데
　　　무엇을
　　　모른다는 거여!

　　　모른다는 것이
　　　무엇이야?

하느님의
뜻을
잘 모른다니까!

　　　저 바다 속과 같은
　　　하느님의 뜻을
　　　어떻게
　　　다 알 수 있겠는가?

　　　하지만
　　　몇 가지는 분명하지!

모두를
하나로 삼는 거야!

왜냐하면
하나에서 나왔으니까
하나로 돌아가는 것
당연한 거 아냐?

하나에서 왔으니
하나로 가는 거
당연하지!

안 그래?

이것을
모르면
헛사는 거여!

눈을
깜빡이시는
주님의 모습이!

한상기韓相麒

號 波岩 雅正
충남 청양 태생
전 서울대학교 농과대학(농생대) 교수
전 나이지리아 소재 국제열대농학연구소 소장보
카사바 내병다수성 품종 개량보급으로 아프리카 식량난 해소
기네스 과학공로상
나이지리아 이키레읍 추장(농민의 왕)
미시간주립대학교 우수동창상
자랑스러운 서울대인상(개교 50주년 기념식)
자랑스러운 대전고등학교 대능상
영국생물학회와 미국 작물학회 펠로우
전 미국 코넬대학교와 조지아대학교 명예교수

나는 나이고 싶다 I Wish I Could Be I **제4권**

2018년 7월 30일 초판 1쇄 발행

저 자 : 한상기
발행인 : 김병환
발행처 : 학자원
주 소 : 서울시 강동구 천호대로 1121
전 화 : 02) 6403-1000
팩 스 : 02) 6338-1001
E-mail : hakjaone@daum.net
등 록 : 2011년 3월 24일 제2011-14호

ISBN 979-11-6247-077-0 04230
979-11-6247-033-6 세트

값 15,000원